Stefan Fiuk

Frankfurter Weihnachtsgeschichten

Dank
Mein besonderer Dank gilt Horst Cronauer, der als Redaktionsleiter
meine Ideen stets gefördert und gefordert hat.

Bildnachweis
Stefan Fiuk: S. 7, 41
Rentieralm Niederhausen/Nahe: S. 12
pixelio: S. 19 (Monika Sander); S. 28 (Rudolpho Duda), S. 33 (Helmut J. Salzer),
S. 38 (Isefisch), S. 52 (Dieter Schütz), S. 55 (Martina Taylor), S. 69 (Chrisandre)
Sabine Wagner: S. 60
Fraport AG: S. 62
Barbara Aumüller: S. 65
Opel Classic: S. 70
Titelbild: pixelio (Siegfried Baier)

1. Auflage 2023

Satz und Layout: Christiane Zay, Passau
Druck: Rindt Druck, Fulda
Buchbinderische Verarbeitung: Buchbinderei S. R. Büge, Celle

34281 Gudensberg-Gleichen, Im Wiesental 1
Telefon: 0 56 03 - 9 30 50
www.wartberg-verlag.de
ISBN 978-3-8313-3316-5

Inhalt

Vorwort

Die Adventszeit – 2,4 Milliarden Menschen fiebern dann weltweit dem Weihnachtsfest entgegen, das der Bibel nach an die Geburt von Jesus erinnert. 61 Millionen feiern in Deutschland Weihnachten, in Frankfurt sind es schätzungsweise 620 000. Manche erleben diese Zeit in ruhiger Besinnung, manche in Hektik. Manchmal verlaufen die vier Wochen allerdings mit ein paar, nennen wir es mal, Komplikationen. Und manchmal mit freudigen Überraschungen.

Davon erzählen unsere „Frankfurter Weihnachtsgeschichten“: von dem kleinen Tim, von dem Violinisten Janek, von dem Hund Faro, von der Hebamme Dorothea und vielen anderen mehr.

Und vielleicht meinen ja hier und da Menschen in Frankfurt, sich in den Geschichten wiederzufinden. Aber es sind und bleiben Geschichten ...

Viel Vergnügen bei der Lektüre wünscht Ihnen

Stefan Fiuk

Es kommt immer anders ...

Wenn es um seinen Lifestyle ging, dann war Jan Niklas, oder Janny, wie ihn seine Freunde nannten, nichts zu gut und zu teuer: Ein Luxusappartement in der Frankfurter City und ein Schrank voller Designerkleidung – Armani, Burberry, Gucci & Co. waren seine besten Freunde. Er konnte sich das als IT- und Video-Spezialist einer international erfolgreichen Werbeagentur im Westend leisten. Und heute hatte er ein besonderes Outfit ausgewählt, einen dunklen Anzug nämlich mit weißem Hemd und lässig geöffnetem Hemdkragen. Die Merry-Christmas-Party bei seinem Chef in der noblen Mörfelder Landstraße stand an. Der besondere Gag dort: Die Kuverts mit den Bonusschecks für die Mitarbeiter hingen an einem übergroßen Christbaum.

Janny schaute noch einmal in den großen Spiegel im Flur und zupfte das gegelte Haar zurecht. Dann schlüpfte er in seinen Designermantel, schlug den Kragen hoch, streifte die Wildlederhandschuhe über und ging aus der Tür. Es war kalt an diesem 24. Dezember. Saukalt sogar. Ein eisiger Wind wehte Janny entgegen. Er trat von einem Fuß auf den anderen, sodass seine teuren italienischen Maßschuhe in der Kälte knarrten. Dann schaute er nervös auf die Uhr. Halb sechs. Um 18.30 Uhr sollte die Party steigen. Mit einem Catering vom Feinsten und Champagner, bis der Arzt kommt. Und dann war da auch noch diese Assistentin aus der Agentur. Der Small Talk am Kaffeeautomaten und die Blicke verhießen ihm Erfolgsaussichten. Und diese Nacht würde mit Sicherheit nicht heilig werden.

Verdammt, wo blieb denn nur das bestellte Taxi? „Wenn der Kamerad nicht gleich auftaucht, sieht's finster aus", dachte Janny. An einem solchen Tag spontan ein Taxi auf der Straße zu bekommen war wie ein Sechser im Lotto. Doch dann, oh Wunder der Heiligen Nacht, bog doch wirklich eine Mercedes E-Klasse um die Ecke und das Taxi-Zeichen auf dem Dach verkündete: Ich bin frei. Janny sprang mit ausgebreiteten Armen auf die Straße, der Fahrer musste eine Vollbremsung hinlegen. Der Sonnyboy öffnete die hintere Beifahrertür und stieg ein: „Ich muss in die Mörfelder Landstraße und habe es furchtbar eilig", rief er dem Fahrer zu. „Ey Chefe, isse Eilige Abend, warum Deutsche immer mache Ektik?", sagte der Mann mit typisch italienischem Akzent. „Ist halt so", dachte Janny, aber er wollte nicht unhöflich sein und klärte den Taxler auf. „Ah, warte Geld und eine Signorina – isse was Anderes. Italiener kanne das verstehe ..." Und dann gab er Gas.

„Heute viel zu tun, was?", begann Jan Niklas dann doch ein Gespräch, „Da klingelt nicht nur das Glöckchen, sondern auch die Kasse ..." „Ja, zum Gück", antwortete der Fahrer, „weißt du, habe ich zwar Familie unn kleine Sohn von drei Jahre, aber was willst du mache – Wohnung musse bezahlt werde, die Taxi musse abgezahlt werde, Sache sum Anziehe, Esse. Zu Weihnachte habe ich gekauft für Fabio Pferdeschaukel. Liegte in Kofferraum." „Sie meinen ein Schaukelpferd", korrigierte ihn Janny. „Ja, ja. Habe mir gesehe letzte Sonntag in Schaufenster bei Spaziergang über schöne Zeil mit die viele Lichter. Fabio hatte ganze Zeit drauf gedeute unn gelacht."

„Armes Schwein", dachte Jan-Niklas, „der muss am Heiligen Abend Leute wie mich durch die Gegend fahren und zuhause wartet die Familie unterm Christbaum und der Kleine auf sein

Das Schaukelpferd (frankfurterisch: Schoggelgaul) wartet auf seinen Einsatz am Heiligen Abend.

Geschenk." Er kam nicht dazu, weiterzudenken, denn hinter der Obermainbrücke gab es einen Schlag wie von einer Riesenfaust. Ein großer Geländewagen vom Typ Hummer hatte dem Taxi die Vorfahrt genommen und war mit voller Wucht gegen den vorderen Kotflügel der Fahrerseite geknallt. Janny war zum Glück angeschnallt, wurde aber trotzdem hin und her geworfen und war etwas benommen. Es dauerte einen Moment, bis er wieder klar denken konnte.

Dann sah er, dass der Italiener mit dem Kopf auf dem Lenkrad lag. Die hintere Beifahrertür ließ sich problemlos öffnen. Janny fiel mehr aus dem Taxi, als er ausstieg, lief um das Auto herum und bekam nach einigen Versuchen die Fahrertür auf. Er fasste den Fahrer behutsam an der Schulter: „Hey, Signore! Können Sie mich hören?" Er bekam keine Antwort. Der Kopf des Italieners fiel zur Seite und Janny sah, dass der Mann aus einer heftigen

Platzwunde blutete. Und in diesem Augenblick bemerkte er auch den Geruch von Benzin und bekam Panik. Mit ganzer Kraft versuchte er, den Verletzten aus dem Auto zu ziehen und schrie dabei: „Verdammt, helf mir doch jemand. Wenn die Karre abfackelt, stirbt der Mann!“ Aber von den gaffenden Schaulustigen ringsum hatte wohl keiner Lust, dass seine feinen Weihnachtsklamotten in Mitleidenschaft gezogen wurden. Und der Fahrer des Geländewagens hockte apathisch vor sich hinstierend hinter dem Steuer seines Wagens – 1,8 Promille, wie sich später herausstellte.

Schließlich gelang es Jan Niklas, den Italiener zu befreien. Er legte ihn vorsichtig auf den Asphalt in die stabile Seitenlage, so wie er es im Erste-Hilfe-Kurs gelernt hatte. Dann zog er seinen teuren Mantel aus, um den Mann zuzudecken und zu wärmen. Sein Jackett rollte er zusammen und schob es dem Italiener unter den Kopf. Janny spürte die Kälte nicht. Und es war ihm auch egal, dass da jetzt das Blut über seine teuren Sachen lief. Er kniete neben dem Verletzten und hielt einfach nur dessen Kopf.

„Hallo, es ist gut, wir sind jetzt da und kümmern uns um den Mann“, hörte er nach einer Weile eine Stimme. Jan Niklas schaute nach oben und blickte auf zwei Sanitäter. Er hatte den Rettungswagen überhaupt nicht kommen hören, der jetzt mit Blaulicht an der Unfallstelle stand. Langsam erhob er sich, immer noch etwas wackelig auf den Beinen. „Sie nehmen wir am besten auch mit in die Uniklinik, zur Sicherheit“, sagte der eine Sanitäter.

Jannys Befund war okay, Er war mit dem Schrecken davongekommen und saß nun schon geschlagene drei Stunden vor dem Operationssaal auf einer Wartebank. Als eine junge Frau mit einem Arztkittel überm Arm vorbeikam, ging Janny auf sie zu: „Hallo, ich saß in dem Unfall-Taxi. Wie geht es dem Fahrer?“ „Fraktur des Halswirbels, er musste notoperiert werden – aber er kommt durch. Die Platzwunde haben wir mit acht Stichen genäht. Seine Frau ist benachrichtigt, wir haben ihr gesagt, wir melden uns, sobald ihr Mann ansprechbar ist. Sie kann unmöglich mit dem kleinen Kind hierherkommen." Sie blickte Janny an: „Man hat mir gesagt, dass sie die ganze Zeit den Kopf von Herrn Rosello gehalten haben. Das hat ihn effektiv vor unkontrollierten Bewegungen und damit vor einer Schädigung des Rückenmarks bewahrt. Sie haben ihn gerettet. Ach ja, unsere Leute haben übrigens ihren Mantel und ihr Jackett mitgebracht. Da war nichts zu retten, die sind beide wohl hinüber." Doch das war Janny gerade nicht wichtig. Er dachte an das Schaukelpferd im Kofferraum des Taxis, das jetzt wohl auf dem Hof des größten Abschleppunternehmens der Stadt stand.

Da sprach ihn die Frau wieder an: „Wollen Sie die Klamotten jetzt mitnehmen oder nicht?" In diesem Augenblick bemerkte er, dass sie verdammt hübsch war. Aber das war für den Sonnyboy erst einmal zweitrangig und er sagte: „Nein, ich will einem kleinen Jungen, der jetzt alleine mit der Mama zuhause sitzt, weil sein Papa gerade notoperiert wurde und auf der Intensivstation liegt, doch wenigstens noch ein bisschen Freude am Heiligen Abend bringen. Wissen Sie, Herr Rosello hat ein Schaukelpferd als Weihnachtsgeschenk im Kofferraum. Das werde ich jetzt holen. Und bei der Bescherung machen sich blutverschmierte Sachen nicht gut." Dann fügte er hinzu: „Ich weiß noch nicht, wie ich's anstelle, denn ich habe kein glückliches Händchen mit Kindern." „Aber ich", erwiderte die Ärztin, „ich habe drei kleine Neffen am Lago Maggiore, kann etwas Italienisch und habe jetzt Feierabend. Auf mich wartet außer meiner Katze keiner zuhause. Na los, kommen Sie. Ich heiße übrigens Nicole." „Angenehm, Jan Niklas oder Janny. Ich glaube, das ist der Beginn einer wunderbaren Heiligen Nacht ... Ja, ja, ich weiß, das habe ich aus ‚Casablanca' geklaut ..."

Als Tim den Weihnachtsmann suchte

Eigentlich hatte der kleine Tim alles, was das Herz eines Sechsjährigen begehrte. Er wohnte mit den Eltern in einem schönen Haus mit großem Garten in Frankfurt am Lerchesberg, unweit des Waldes. Im Garten stand ein großes Trampolin und Spielzeug hatte Timmi, wie ihn seine Mutter immer rief, in Hülle und Fülle. Nur eins hatte Tim nicht - Freunde.

Die Kinder in der Nachbarschaft und in der Schule waren doof, sagte Tim immer. Sie hänselten ihn, knufften ihn sogar. Nur, weil er vor ein paar Wochen mal gesagt hatte, dass bald der Weihnachtsmann käme. „Ei, den gibt's doch gar net", hatten die Anderen gesagt und laut gelacht. Aber Tim wusste, dass es ihn gibt, den Weihnachtsmann. Der war doch zuhause im bayerischen Rosenheim immer auf den Marktplatz gekommen. Mit seinem Schlitten, der von zwei Rentieren gezogen wurde. In einem langen, roten Mantel, mit einer roten Mütze, roten Bäckchen, einem langen weißen Bart und einer Brille mit einem goldenem Rahmen. Und er hatte leckere Lebkuchenplätzchen verteilt. Und sich die Wünsche der Kinder angehört - jedes einzelnen.

Aber Rosenheim war weit. Als sein Vater Tom, Vertriebsmanager in der Münchner BMW-Zentrale, vor gut einem Jahr die Leitung der Niederlassung in der Hanauer Landstraße übertragen bekam, war die ganze Familie umgezogen. Hierher, nach Frankfurt, wo die Leute so komisch redeten (wobei, ganz nebenbei erwähnt,

Tims bayerischer Dialekt auch vom Feinsten war) und er erst mal lernen musste, was Hibbdebach und Dribbdebach ist. Und wo die Kinder nicht an den Weihnachtmann glaubten. Dabei wollte Tim ihm doch seinen sehnlichsten Wunsch erzählen: ein Brüderchen, damit er nicht mehr so allein war und jemanden zum Spielen hatte.

Tim schaute zum Fenster hinaus, denn es hatte angefangen zu schneien. Lustig tanzten die Flocken im Wind und es sah schon so richtig nach Weihnachten aus. Hatte der Vater nicht mal gesagt, dass der Weihnachtsmann überall wäre? Nicht nur in Rosenheim. Tim schaute hinüber zum Stadtwald. Da musste er doch wohnen. Ja, genau da. Und so beschloss er, den Weihnachtsmann zu suchen, schlüpfte in seine dicken Stiefel, den dicken Anorak und vergaß auch Mütze und Handschuhe nicht. Rasch rief er seiner Mutter Sabine in der Küche noch zu: „Ich möchte raus, es schneit so schön. Darf ich?“ „Ja“, antwortete sie, „aber bleib im Garten!“

Glücklicherweise hatte der Garten einen Hinterausgang. Leise öffnete Tim das Tor und stapfte in Richtung Wald. Als er vor den riesigen Tannen stand, sah das dann doch etwas bedrohlich aus. Ach was, wo der Weihnachtsmann wohnte, konnte es nicht bedrohlich sein! Und die Schneeflocken tanzten seine letzten Bedenken weg.

Tim war schon eine ganze Weile durch den dichten Tann gelaufen, als er auf eine Lichtung kam. Von dort konnte er ein kleines Häuschen sehen. Weißer Rauch stieg aus dem Schornstein auf und es sah richtig gemütlich aus. „Das ist bestimmt das Haus vom Weihnachtsmann“, dachte Tim. Ja, und da standen doch auch die zwei Rentiere in einem Gehege, die in Rosenheim immer den Schlitten gezogen hatten.

So stellt sich der kleine Tim den Weihnachtsmann vor, bis er ihn im Wald trifft ...

Plötzlich sagte eine tiefe Stimme: „Na, kleiner Mann, was willst du denn hier?“ Tim erstarrte vor Schreck und drehte sich dann ganz langsam um. Er konnte nicht glauben, was er sah: Da stand er wirklich und wahrhaftig vor ihm. Er trug einen langen grünen Umhang mit Kapuze. Einen langen weißen Bart hatte er auch und rote Bäckchen. Selbst die Brille mit dem goldenen Rahmen fehlte nicht. „Iiiich suche den Weihnachtsmann“, stotterte Tim. „Ja, und was willst du von ihm?“, fragte der Bärtige. Und Tim erzählte ihm von seinem sehnlichsten Wunsch. Der Mann sah ihn lange an, lächelte und sagte dann geheimnisvoll: „Die Zeit wird es bringen ...“ Nach einer kurzen Weile fuhr er fort: „Aber komm, ich bringe dich jetzt nach Hause. Deine Mutter wird dich bestimmt schon vermissen.“

Der Bärtige ging vorneweg durch den mittlerweile schon einige Zentimeter hohen Schnee und Tim versuchte, mit seinen kleinen Füßen in den großen Fußstapfen zu bleiben. Am Waldesrand sagte Tim: „Schau, da drüben wohne ich. Das musst du doch an Weihnachten wissen.“ Der Mann lächelte noch einmal gütig und verabschiedete sich dann. Tim machte sich auf den Heimweg, nicht ohne sich nach einigen Metern noch einmal umzudrehen, um dem Bärtigen zu winken. Doch der war schon zwischen den Bäumen verschwunden.

Tim konnte gerade noch rechtzeitig durch die Hintertür ins Haus schlüpfen, als seine Mutter an der Vordertür den Vater begrüßte, der gerade nachhause gekommen war. „Tim, kommst du bitte mal ins Wohnzimmer“, hörte er die Mutter rufen. Au weia, sie hatte Tim gerufen. Nicht „Timmi“, wie sonst. Hatte sie etwa bemerkt, dass er sich klammheimlich verdrückt hatte? Als er das Wohnzimmer betrat, fiel ihm ein Stein vom Herzen. Und das hatte mit den fröhlichen Gesichtern seiner Eltern zu tun. „Tim, wir haben eine schöne Nachricht für dich“, sagte die Mutter. „Heute bekamen wir Post vom Notar. Wir haben einen kleinen Jungen aus einem Waisenhaus adoptiert und das ist jetzt bewilligt und fest. Er heißt Jonas, ist so alt wie du und wird schon Weihnachten mit uns feiern.“ Und mit einem Augenzwinkern fügte sie hinzu: „Er kommt hier aus Frankfurt. Du kannst also noch einiges von ihm lernen.“ Tim war wie vom Donner gerührt und brachte keinen Ton heraus. Wie hätte er denn ahnen können, dass sein Wunsch an den Weihnachtsmann so schnell in Erfüllung gehen würde? „Freust du dich denn überhaupt nicht?“, fragte der Vater. „Doooch, juhu, ein Bruder“, jubelte Tim endlich mit strahlenden Augen. Von seinem Ausflug erzählte er aber vorsichtshalber nichts.

Derweil wurde der Bärtige vor dem Haus im Wald von einer Frau mit zwei Einkaufstüten erwartet: „Schön Alois, dass du auch mal kommst. Ich habe den Schlüssel vergessen. Während ich auf dich gewartet habe, habe ich erst mal die beiden verletzten Hirsche gefüttert. Die scheinen sich ja gut zu erholen. Wo warst du denn?" Der Mann erzählte ihr vom Besuch des kleinen Jungen und von dessen Wunsch. Und dass er ihn für den Weihnachtsmann gehalten hatte. „Und du hast ihm nicht gesagt, dass du der Oberförster bist, zuständig für dieses Revier?" „Soll ich denn in einer Zeit, da Kinder nur noch Computer, Smartphones und Videospiele im Kopf haben, einem Kind den Glauben an den Weihnachtsmann nehmen?", fragte der Mann. „Ja und der Wunsch? Der Junge wird doch enttäuscht sein." Der Mann strich sich über den langen weißen Bart und antwortete: „Man sagt, dass der Glaube Berge versetzen kann ..."

Kopfschüttelnd ging die Frau ins Haus, mit einem sanften Lächeln auf den Lippen. Ja, ihr Alois war halt ein unverbesserlicher Träumer.

Wie damals

Die Geburtskirche in Bethlehem besteht aus zwei Kirchen. Durch einen niedrigen Eingang geht es zunächst in die orthodoxe Kirche. Von dort führen ein paar Stufen hinunter in die Geburtsgrotte und dann einige Stufen in die katholische Kirche hinauf. Aus dieser wird jedes Jahr am 24. Dezember die Christmesse in alle Welt übertragen.

Langsam rollte der Lufthansa-Airbus A320 aus Frankfurt via München kommend über den Taxiway des Ben-Gurion-Flughafens in Tel Aviv auf seine Parkposition. Die Hebamme Dorothea Barsch saß am Fenster in der Business Class und schaute nach draußen. Unglaublich, sie war wirklich in Israel. Dann drehte sie sich zu ihrer Sitznachbarin um und lächelte sie an. Erika von Wingert war eine erfolgreiche Immobilien-Unternehmerin. „Ich bin ja so aufgeregt und glockenhell wach, obwohl es schon nach drei Uhr morgens ist", sagte Dorothea. „Ja, mir geht es genauso", antwortete Erika, „aber warten Sie mal ab, die Einreisekontrolle wird noch aufregender."

„Your passports, please", forderte der Beamte der Einreisebehörde sie auf. Erika reichte die beiden Reisepässe über den Tresen, wo der Israeli sie aufmerksam studierte. Er ließ seinen Blick erst über die Passfotos gleiten und schaute dann die beiden Touristinnen prüfend an: „Was ist der Grund ihrer Reise nach Israel?", fragte er auf Englisch. „Wir wollen das Land kennenlernen und morgen nach Bethlehem fahren – da ist schließlich der Heilige Abend, der Abend, an dem Jesus geboren wurde. Wir wollen zur

Christmesse in der Geburtskirche“, sagte Dorothea. „Sie wissen schon, dass das palästinensisches Gebiet ist?“, gab der Beamte zu bedenken. „Ja“, antwortete Erika, „wir werden uns einer Reisegruppe anschließen.“ „Und wo werden Sie wohnen?“ „Wir haben im King-David-Hotel in Jerusalem für die Dauer unseres Aufenthaltes gebucht.“ Der Beamte schaute zu seinem Kollegen hinüber und bemerkte auf Hebräisch: „Na, arm sind die nicht gerade.“ Dann drückte er den Einreisestempel in beide Pässe, wünschte den beiden Frauen einen schönen Aufenthalt in Israel und fertig war die nervige Prozedur. Jetzt musste nur noch der Mietwagen abgeholt werden.

Auf der Fahrt nach Jerusalem ließ Dorothea auf dem Beifahrersitz die letzten Monate noch einmal Revue passieren. Sie sah wieder den Kreißsaal des Varisano-Klinikums in Frankfurt-Höchst vor sich. Und Svenja, die Tochter von Erika, die mit einer Frühgeburt kämpfte. Als Hebamme hatte sie um das kleine Würmchen gekämpft, das zwei Monate vor der Zeit zur Welt gekommen war. Drei Wochen hatte sie fast Tag und Nacht in der Frühchen-Station am Inkubator gesessen. Dann war der kleine Ulf über den Berg. Erika hatte damals gesagt: „Ich bin Ihnen so dankbar! An Weihnachten fliege ich nach Israel, werde die Christmesse in Bethlehem im Westjordanland besuchen. Ich lade Sie ein, Sie fliegen mit!“

Dorothea musste sich am nächsten Tag erst einmal orientieren. Sie war in einem wunderschönen Zimmer im King-David-Hotel aufgewacht, dem Hotel, in dem auch schon die Delegation der deutschen Bundesregierung gewohnt hatte. In diesem Superbett hatte sie geschlafen wie ein Murmeltier. Die Hebamme zog die Vorhänge zur Seite und war überwältigt vom Ausblick auf den Tempelberg mit der goldenen Kuppel des Felsendoms, der Klagemauer und dem Ölberg mit dem Garten Gezemaneh, wo Jesus einst verhaftet worden sein soll. „Ein Blick auf die Geschichte dreier Weltreligionen“, dachte Dorothea.

Jäh wurde sie aus ihren Gedanken gerissen, als es an der Tür klopfte und eine Stimme rief: „Aufstehen, Bethlehem wartet.“ Mein Gott, es war ja schon 14 Uhr, sagte der Blick auf die Uhr, das Frühstück war längst vorbei. Dorothea öffnete und draußen stand Erika schon fix und fertig angezogen für den Trip. „Los, wir müssen noch eine Kleinigkeit essen. Es gibt in der Innenstadt ein tolles Restaurant, das Sheyan. Der Bus wartet dann hier vorm Hotel. Unsere Plätze habe ich über Beziehungen bekommen, da sparen wir uns den lästigen Checkpoint 200, wo wir in einer langen Schlange mit intensiver Kontrolle gestanden hätten.“

Das Essen im Sheyan war hervorragend. Zurück am Hotel entpuppte sich der Bus als ein in die Jahre gekommener Neunsitzer der Marke Mercedes mit einem palästinensischen Fahrer. Die anderen Insassen waren katholische Touristen aus Spanien, Polen, Italien und der israelische Sicherheitsmann David Shlomo. Und so ging es über eine kleine Nebenstraße Richtung Bethlehem, das nur wenige Kilometer entfernt war. An einem Checkpoint wurde die Gruppe von drei bewaffneten israelischen Soldaten gestoppt. Ein kurzes Gespräch zwischen Shlomo und den Wachen, man kannte sich wohl, und schon ging's weiter. „Jetzt seid ihr in Palästina“, sagte der Fahrer, „nix mehr Israel.“ Dann erzählte er zum Thema Baith Lahm, wie Bethlehem auf Palästinensisch heißt, dass die Muslime die Jungfrau Maria auch verehren und Jesus als Prophet anerkennen. „Aber natürlich nicht so ein guter wie Mohammed.“

Als sie an der Geburtskirche angekommen waren, bemerkten sie eine wild gestikulierende und schreiende Menschenmenge direkt neben dem kleinen Eingang. Doro sah, dass eine Palästinenserin, erkennbar an dem sorgsam gebundenen Kopftuch, an die Kirchenwand gelehnt auf dem Boden saß. Ein Mann hielt ihre Hand. Panik war in beider Augen. Und Dorothea sah mit geschultem Blick auch: Die Frau war hochschwanger. Mehr noch, die Wehen hatten bereits eingesetzt.

Erika handelte schnell, konnte sich gerade noch den Fahrer greifen: „Sag dem Mann, wir bringen die Frau in die Kirche." „Nein, nein, das geht nicht, sie ist eine Muslima", sagte der. „Entweder du übersetzt oder ich garantiere dir, dass du in Zukunft in den Golanhöhen als Apfelernter arbeitest statt hier als Chauffeur", herrschte ihn Erika an. Das wollte der Fahrer dann doch nicht und übersetzte. Die beiden Frauen halfen der werdenden Mutter auf die Beine, geleiteten sie und den noch zögernden Ehemann in die Kirche. Zu dem Sicherheitsmann sagte Erika: „Und Sie halten uns den Rücken frei!"

Drinnen eilte ihnen sofort ein orthodoxer Priester mit wehender Soutane entgegen, fuchtelte mit den Händen und rief: „No, no, no, no!" „Yes, yes, yes, yes!", entgegnete Erika. Der Gottesmann brabbelte aufgeregt irgendetwas von Jesus und war überhaupt nicht mehr einzukriegen. Erika stellte sich ganz dicht vor ihn, tippte ihm mit dem Zeigefinger auf die Brust und sagte auf Englisch: „Wenn Sie hier in seiner Kirche, an dem Ort, wo ihn seine Mutter Maria zur Welt gebracht hat, einer schwangeren Frau nicht helfen, wird Ihnen Jesus gewaltig in den Hintern treten, wenn Sie irgendwann mal da oben vor ihm stehen." Und deutete mit dem Zeigefinger in die Höhe.

Das half. Der Priester führte sie zu einem kleinen Nebenraum, in dem sogar eine Liege stand. Während David draußen Wache hielt, kümmerte sich Dorothea um die Frau. Erika wandte sich

Man muss sich automatisch verbeugen: Der niedrige Eingang der Geburtskirche in Bethlehem.

inzwischen dem Gottesmann zu, der sich am laufenden Band bekreuzigte und nach oben schaute, so, als wolle er sich bei seinem Chef im Himmel entschuldigen. „Äh, wie heißen Sie eigentlich?“, fragte sie auf Englisch. „Dimitrios Partasides.“ „Okay, Dimitrios, wir brauchen eine Schüssel heißes Wasser und Handtücher. Und dann bete zu Jesus und Maria, dass das hier genauso gut über die Bühne geht wie damals.“

Es ging gut über die Bühne. Wenn auch mit kleinen Schwierigkeiten, die aber mehr an der Verständigung lagen. Mutter und Kind und natürlich auch der stolze Vater waren wohlauf. Nur die Gläubigen, die durch die orthodoxe Kirche hinüber in die katholische zur Christmesse gingen, wunderten sich über Babygeschrei, das durch eine geschlossene Tür, vor der ein Israeli mit verschränkten Armen stand, in den Altarraum drang. Einige mutmaßten sogar, dass es sich um eine dramaturgische Einspielung der Kirchenleute handelte. Sie konnten nicht wissen, dass an diesem heiligen Ort, der Geburtsstätte des kleinen Jesus, gerade wieder ein kleiner Junge geboren worden war. Er hatte geschafft, woran die Region dort immer wieder scheiterte. Er hatte in dieser heiligen Nacht Menschen verschiedener Nationen und Religionen friedlich zusammengeführt. Die dankbaren Eltern gaben ihm den Namen Yassir Doro Erik Dimitri David Sahin.

Friede den Menschen ...

„Was mache ich eigentlich hier?“ Frederick hatte sich das in den letzten drei Stunden schon mehrmals gefragt, als er ziellos durch die weihnachtlich erleuchtete Frankfurter City geschlendert war. „Was mache ich eigentlich hier?“ Andere Familien feierten jetzt den Heiligen Abend. Das wollte Frederick, ein erfolgreicher Investment-Banker, auch. Seit dem Tod seiner Mutter und seiner eigenen Scheidung wohnte er mit seinen Zwillingen Hendrik und Oliver, für die er das Sorgerecht hatte, bei seinem Vater Helge in einer noblen Villa auf dem Sachsenhäuser Berg.

Das Verhältnis zu seinem Vater war ... durchwachsen. Beide kannten das Wort Nachgiebigkeit nur aus dem Duden. Oft gab's Zoff. So auch an diesem Nachmittag. Als Frederick mit den letzten Weihnachtseinkäufen und einigen Punsch im Magen nachhause gekommen war, stand die Haushälterin Alice am Bügelbrett. „Was machst du denn da?“, hatte er gefragt. „Ich bügele deinen Anzug auf und weiße Hemden für die Zwillinge. Dein Vater meint, ihr solltet den Heiligen Abend stilvoll begehen.“ „Schwarze Jeans und ein Hemd tun's doch auch“, hatte Frederick geantwortet, „und Hendrik und Oliver fühlen sich auch im weißen Hemd nicht wohl, weil sie dann beim Essen so aufpassen müssen.“ „Bei deinen Vorstandssitzungen in der Bank trägst du doch auch einen Anzug“, hatte der Vater bemerkt. „Die sind auch mein Job“, war seine patzige Antwort. Ein Wort hatte das andere gegeben und dann hatte der Vater das kabellose Bügeleisen genommen und nach ihm geworfen. Frederick konnte noch ausweichen, hatte sich seinen Anorak geschnappt und war aus dem

Haus gestürmt. Eigentlich wollte er mit dem Auto fahren, aber der Punsch vertrug sich nicht mit seinem Führerschein. Also nahm er ein Taxi.

Fredericks Beine waren müde und so steuerte er auf die Taunusanlage zu, an der das Bankhaus Julius Ensheim lag, in dem er arbeitete. Da gab es eine Parkbank, auf der er öfter in der Mittagspause in der Sonne gesessen hatte. Aber die Bank war belegt, im wahrsten Sinn des Wortes. Ein Mumienschlafsack lag drauf und die Form ließ erkennen, dass da auch jemand drinsteckte. Er setzte sich auf die knapp 40 Zentimeter, die übrig waren, als jäh der Reißverschluss des Schlafsacks geöffnet wurde, ein Mann herauslugte und sagte: „Hey, das ist meine Bank." „Ich will sie Ihnen ja nicht wegnehmen, sondern mich nur ausruhen", entgegnete Frederick. „Kauf dir selbst eine, du verdienst doch genug dort drüben beim Ensheim", tönte es aus dem Schlafsack. Das machte Frederick stutzig: „Woher wissen Sie das?" „Ich bin zwar obdachlos, aber nicht dumm. Ich fische mir jeden Tag eine Zeitung aus irgendeinem Papierkorb. Von der Bild bis Frankfurter Allgemeine. Und da warst du gestern drin, mit Foto. Bei einer Weihnachtsspendengala. Wieso streunst du eigentlich am Heiligen Abend hier rum?", fragte der Mann.

„Eigentlich geht's dich ja nichts an", dachte Frederick, erzählte dann aber doch vom Zoff und vom Bügeleisen. Und dass er eigentlich jetzt lieber bei seiner Familie wäre, es aber nicht einsehe, nachzugeben. „Mann, Freddie, ich darf dich doch Freddie nennen, oder? Ich heiße Thaddäus, so wie der Apostel." „Das ist eine andere Schreibweise von Judas", unterbrach ihn Frederick. „Ja, ja, damit habe ich schon eine Ewigkeit zu kämpfen. Aber was ich sagen will: Familie ist das Beste, was dir passieren kann. Ohne Familie bist du nichts. Ein einsamer Wolf, der irgendwann auf irgendeiner Abschussliste von irgendjemand steht. Ich hatte auch mal Familie, ein Haus, zwei Autos, zweimal Urlaub im Jahr – von Miami bis Dubai. Ich hab' als Fondsmanager für eine große ausländische Bank gearbeitet. Und als ich mich weigerte, Anlegern hochriskante Fonds anzudrehen, haben sie mich rausgeworfen. Einfach so. Und das Arbeitsgericht hat ihnen auch noch Recht gegeben. Kein Geld mehr, kein Luxus mehr, keine Frau mehr. Und nun sitze ich am Heiligen Abend auf einer Parkbank und diskutiere mit dir Trottel, warum du nicht bei deiner Familie bist. Dein Vater hat dich doch nicht getroffen. Also?"

„Eigentlich hast du Recht, Thaddäus. So schlimm war das ja nicht", sagte Frederick, „ich fahre jetzt mit dem Taxi nachhause und du kommst mit, damit du heute Abend auch eine Familie hast." Der Obdachlose akzeptierte die Einladung wortlos, rollte seinen Schlafsack zusammen, steckte ihn in eine schwarze Sporttasche mit weißen Streifen zu seinen anderen Sachen und schob sie ins Gebüsch. „Willst du die dalassen?", fragte Frederick erstaunt. „Ja sicher, der da oben", und Thaddäus deutete mit dem Finger zum Himmel, „wird schon nicht zulassen, dass mir am Heiligen Abend was geklaut wird."

Als Frederick die Tür zum Haus aufschloss, kam ihm sein Vater wortlos entgegen. „Ich habe jemand mitgebracht", sagte er, „er hat keine Familie mehr. Also habe ich ihn eingeladen." Die Antwort des Vaters erstaunte ihn: „Man hat damals in Bethlehem Maria und Josef keine Tür geöffnet. Wir werden keinen draußen stehen lassen." Als der Obdachlose seinen Anorak auszog, wunderte sich Frederick, dass er ein blitzsauberes Lacoste-Sweatshirt darunter hatte.

Das Abendessen, das Alice gekocht hatte, war köstlich. Thaddäus erzählte den Zwillingen eine Geschichte nach der anderen –

aus Rom, aus Jerusalem, aus Frankreich, aus Afrika. Schließlich sagte er zu ihnen: „Kommt, wir gehen ins Wohnzimmer, da erzähle ich euch, wie ich am Weihnachtsabend dem Sherif von Damaskus 50 000 Goldstücke abgeknöpft und damit die Armen beschert habe." Helge schaute von der Essecke herüber: „Dein neuer Freund ist fast wie ein Engel. Alice soll ihm das Bett im Gästezimmer im Souterrain machen."

Die Zwillinge waren am nächsten Morgen schon früh auf den Beinen, wollten noch mehr Geschichten von ihrem Gast hören. „Papa, der Thaddäus ist weg", kamen sie aufgeregt ins Schlafzimmer gelaufen. Frederick war sofort wach. Alle Alarmglocken schrillten in seinem Kopf: „Der wird doch nicht etwa ...?" Bei einem Kontrollgang stellte er schnell fest, dass nichts fehlte und schämte sich, solch einen Verdacht gehegt zu haben. Sein Vater, der durch die Hektik wach geworden war, kam aus dem Souterrain: „Du, das Bett ist tadellos gemacht, so, als hätte gar keiner drin gelegen."

Als Frederick am Christbaum im Wohnzimmer vorbeiging, stutzte er: „Vater, hast du das dahingehängt?" „Was?" „Na, das hier", erwiderte Frederick und deutete auf eine wunderschöne gläserne Glocke, in der sich das Morgenlicht brach. „Da steht was drauf", bemerkte er. Und beide lasen: Friede den Menschen, die guten Willens sind. Der Vater drehte die Glocke: „Auf der anderen Seite steht noch etwas." Es waren die Namen Helge, Frederick, Hendrik, Oliver, fein säuberlich ins Glas graviert.

Frederick war verwirrt. Was war hier passiert? Und vor allem: Wer war Thaddäus? Und wo war er? „Komm, wir fahren in die Stadt, ich weiß, wo wir ihn finden", sagte er aufgeregt zu seinem Vater. Und zu den Zwillingen: „Ihr bleibt hier, falls er zurückkommt." Als sie in der Taunusanlage ankamen, ging Frederick sofort zu dem Busch, unter dem der Obdachlose tags zuvor seine Tasche abgelegt hatte. Aber die Tasche war nicht da. „Lass uns ein paar Passanten fragen, ob sie Thaddäus gesehen haben." Doch es waren an diesem Weihnachtsmorgen nur wenige Leute unterwegs und keiner hatte ihn bemerkt. Thaddäus blieb verschwunden. Frederick legte seine Hand auf die Schulter seines Vaters und sie gingen Richtung Parkplatz. Nie waren sich Vater und Sohn in der letzten Zeit näher gewesen als in diesem Augenblick.

Ein Mann, der die Szene aus respektabler Entfernung beobachtet hatte, lächelte zufrieden, dann schulterte er eine schwarze Sporttasche mit weißen Streifen und schlenderte Richtung Kaiserstraße. Dabei summte er vor sich hin und es klang wie „Halleluja", der Song von Leonard Cohen.

Rufus, der Wolf

Der Advent und Weihnachten war eine Zeit der gemischten Gefühle für den ehemaligen Frankfurter Zoll-Oberinspektor Martin Wagner. Da war auf der einen Seite die festliche Stimmung. Der Weihnachtsmarkt auf dem historischen Römerberg, umgeben von aufwendig restaurierten Fachwerkhäusern. Mehr Stil geht nicht. Die 100 000 Lichter in der City, die Frankfurt in einem weihnachtlichen Glanz erstrahlen ließen. Sogar die geschäftige Einkaufsmeile Zeil wirkte festlich. Und dann die Feiertage, die Martin und seine Frau Tina fast immer alleine verbrachten. Sie hatten keine Kinder und Freunde feierten mit ihren eigenen Familien.

Und dann waren da noch all die Kalorienbomben: Gans, Ente, Truthahn - einmal quer durch die Geflügelabteilung von Brehms Tierleben. Nebst Beilagen. Dazu kamen die ganzen Süßigkeiten in diesen vier Wochen vor Weihnachten: Stollen, Plätzchen und Lebkuchen bis zum Abwinken. Nicht zu vergessen die Frankfurter Bethmännchen, diese Köstlichkeit aus Marzipan und Mandeln.

Aber Martin musste auf sein Gewicht achten, nachdem ihm die Bewegung vom Dienst fehlte. Deshalb hatte er sich auch an jenem Tag von zu Hause verdrückt. Seit Jahren trafen sich Tina und ihre Freundinnen zum Plätzchenbacken, und zwar am 4. Adventssonntag, damit bis Weihnachten noch etwas übrig war. Die Gastgeberin wechselte von Jahr zu Jahr. Und diesmal war Tina dran. Sechs Mädels, Bleche voller Plätzchen und dann immer die Bitte: „Hier, probier mal ..." Das wollte sich Martin ersparen.

Mit seiner Diensthündin Klara, die er mit in den Ruhestand genommen hatte, war er in den Odenwald gefahren. Im Frankfurter Stadtwald schienen sich an den Adventssonntagen alle Hundebesitzer von Frankfurt verabredet zu haben. Im Odenwald ging es ruhiger zu und auch dort gab es für Klara viel zu entdecken. Zum Beispiel in diesem Gebüsch, vor dem sie schon seit ein paar Minuten stand. „Klara, komm her!“, Martins Stimme wurde energischer, „Klara, hierher jetzt ... Es ist kalt ...“ Aber Klara dachte nicht daran zu kommen. Eigentlich war die braune Labradordame ja als ehemaliger Diensthund des Deutschen Zolls sehr folgsam. Aber irgendetwas an diesem Gebüsch war interessanter als Herrchens Rufe. Leicht geduckt stand sie mit aufgestellten Nackenhaaren da.

Und als Martin näher kam, hörte auch er das leise, klägliche Winseln. Er teilte das Gebüsch Ast für Ast und sah sofort, woher es kam. Auf dem Boden lag ein kleiner Welpe, vollkommen entkräftet. Daneben lag seine Mutter – sie war tot. Was aber Martin am meisten schockierte: Mutter und Kind waren Wölfe. Er hatte ja in der Vergangenheit mehrere Berichte in der Zeitung und im Fernsehen verfolgt, dass einzelne Wölfe im Odenwald gesichtet worden waren. Und jetzt war er direkt damit konfrontiert.

Anhand der Verletzung vermutete Martin, dass die Wölfin wohl von einem Auto erfasst worden war und sich noch hierher geschleppt hatte. Von ihrem Rudel war Gott sei Dank keine Spur. Er wusste, was zu tun war, zog sein Handy aus der Hosentasche, wählte die 110: „Hallo, Wagner hier. Ich bin gerade mit meinem Hund unterwegs und habe eine tote Wölfin mit ihrem Jungen gefunden. Der Welpe lebt noch. Können Sie eine Streife vorbeischicken und den Revierförster benachrichtigen? Geben Sie mir bitte Ihre Mailadresse, ich schicke Ihnen die GPS-Daten, damit mich Ihre Kollegen finden.“

Der Wolf ist Urahn sämtlicher Hunderassen.

Nachdem Martin die Mail abgeschickt hatte, nahm er den Welpen behutsam auf den Arm und legte ihn vor dem Gebüsch auf den Boden. Mit seinem Schal deckte er ihn zu und wartete auf die Polizei. „Schöne Bescherung so kurz vor Weihnachten“, dachte er, während Klara den Welpen vorsichtig beschnupperte. Die Beamten trafen zeitgleich mit dem Förster ein. Martin erzählte, wie er die Wolfsmutter und den Welpen gefunden hatte. Einer der Polizisten ging in das Gebüsch. Als er wieder rauskam, hatte er das tote Tier auf den Armen: „Die ist beschlagnahmt für die kriminaltechnische Untersuchung. An den Krallen befinden sich Lackspuren und im Fell Glassplitter. Den Kameraden kriegen wir.“ Sein Kollege fügte hinzu: „Man kann zu den Wölfen stehen wie man will – aber

Fahrerflucht bleibt Fahrerflucht!“ Und zum Förster: „Wir sind dann mal weg. Mit dem müssen Sie klarkommen.“ Und deutete dabei auf den Welpen.

Martin schaute den Waidmann an und fragte: „Was passiert jetzt mit dem Kleinen?“ Die Antwort war ernüchternd: „Wir müssen schauen, dass wir ihn irgendwo in einem Wolfsgehege unterkriegen. Wird schwer, das Rudel muss ihn anerkennen.“ Martin überlegte einen Augenblick, dann sagte er: „Und was, wenn ich den Welpen hochpäppele? Meine Frau ist Tierärztin, ich habe als Hundeführer schon so einige Welpen großgezogen. Und wir haben in Nieder-Eschbach ein großes Grundstück.“ „Das mag ja alles sein, aber das ist ein Wolf, verstehen Sie, ein Wolf!“ Martin ließ nicht locker: „In den USA hat die Handaufzucht und die spätere Auswilderung schon geklappt. Warum nicht auch hier?“ „Na gut“, lenkte der Förster ein, „ich gebe Ihnen eine Woche und schaue morgen nochmal bei Ihnen vorbei. Aber melden muss ich das dem Veterinäramt allemal.“

Der Zoll-Oberinspektor i. R. legte den Welpen auf die Ladefläche seines Geländewagens. Klara sprang wie selbstverständlich hinterher, legte sich neben den kleinen Wolf und leckte ihn ab. Dann rief Martin erst mal zuhause an: „Ist das Back-Geschwader weg?“ „Ja, warum?“, wollte seine Frau wissen. „Wirst du in einer Stunde sehen“, war seine Antwort.

Zuhause angekommen, trug Martin den Welpen sachte von der Garage in die Wohnung. „Wo hast du den denn her?“, rief seine Frau aufgeregt, „und erzähl mir nicht, es wäre ein Husky. Das ist ein Wolf.“ Martin berichtete ihr von dem Vorfall im Odenwald und stieß auf Verständnis: „Du schaffst das schon. Die Betonung liegt auf ‚du‘! Aber du weißt schon, dass du den nur frühmorgens und spätabends ausführen kannst? Zum Glück haben wir zweitausend Quadratmeter Grundstück und wohnen direkt am Feld. Jetzt muss ich erst mal überlegen, womit wir den Welpen ernähren."

Die Visite des Försters am nächsten Tag fiel zur vollsten Zufriedenheit aus: „Na, der Kleine kann sich ja schon wieder auf den Beinen halten. Und wie ich Sie einschätze, haben Sie sogar schon einen Namen für ihn." „Noch nicht", antwortete Martin, „ich werde ihn Rufus nennen. Das fiel mir eben spontan ein." „Ach übrigens", sagte der Förster, „die Polizei informierte mich, dass sie den Fahrer geschnappt haben. Er war wohl betrunken und ist deshalb geflüchtet. Eine Werkstatt hat ihn verpfiffen. Na, dann viel Spaß mit ... Rufus."

Den hatte Martin. Der kleine Wolf gedieh unter seiner Fürsorge prächtig und wurde von Tina regelmäßig untersucht. Klara und der Wolf verstanden sich hervorragend, wobei der Labrador die Hosen anhatte. Und als Rufus sich ihr ein-, zweimal in eindeutiger Absicht näherte, knurrte sie ihn an, nicht böse, aber bestimmt. Rufus hatte die Botschaft verstanden. Auch der Förster kam in Abständen vorbei und war's voll zufrieden.

Die Zeit verging, bis dieser eine Anruf des Waidmanns kam, den Martin gefürchtet hatte: „Es ist soweit, wir müssen Rufus auswildern. Sie bleiben am besten zuhause, er würde sich nicht von Ihnen trennen wollen. Ich bringe ihn dahin, wo man Spuren von Wölfen gefunden hat. Er bekommt einen Sender um den Hals, damit wir immer wissen, wo er ist." Der Abschied ging nicht ohne Tränen über die Bühne. Rufus leckte ein letztes Mal Martins Gesicht ab, dann musste er auf die Ladefläche des Forstautos. Durch die Heckscheibe schaute er Martin an, bis das Auto hinter einer Einmündung verschwunden war.

Monate über Monate vergingen, bis zu dieser Nacht des 4. Adventssonntages. Klara sprang mitten in der Nacht aus ihrem Korb auf und kratzte aufgeregt bellend an der Terrassentür. Martin schreckte aus dem Schlaf hoch. „Einbrecher“, fuhr es ihm durch den Kopf, „zum Glück habe ich gestern Abend nur ein Glas Glühwein getrunken.“ Er holte eine Taschenlampe aus der Nachttischschublade und öffnete die Tür zum Garten. Klara schoss wie der Blitz nach draußen, weiter wild bellend. Als sie um die Hausecke zum Gartentor gebogen war, hörte Martin allerdings nur noch ein Winseln. Doch dann blieb er wie angewurzelt stehen. Im Schein der Taschenlampe sah er draußen im Schnee einen Wolf stehen, der seine Schnauze durch das Gitter streckte. Klara leckte ihm die Nase ab. Und dann sah Martin auch den Sender am Hals des Wolfes. „Rufus?“, entfuhr es ihm. Der Wolf antwortete mit einem leisen Heulen, als wollte er sagen „Ja, ich bin’s.“ Dann drang aus der Dunkelheit ein leises Knurren. Martin leuchtete in die Richtung und abermals stockte ihm der Atem. Im Schein der Taschenlampe tauchte eine Wölfin auf.

Mittlerweile war auch Tina durch den Lärm geweckt worden und stand zitternd im Bademantel neben Martin. „Das gibt’s doch nicht“, sagte sie ungläubig. „Rufus hat eine Partnerin gefunden und ist mit ihr hierher zurückgekommen. Dahin, wo ihm geholfen worden war. Als wolle er sie uns vorstellen.“ Martin brachte den beiden wilden Gästen etwas zum Fressen, sagte dann aber: „Ihr müsst jetzt wieder weg. Die Leute hier sind nicht gut auf euch zu sprechen.“ Rufus hatte verstanden. Zögernd trollte sich das Wolfspaar. Tina und Martin sahen nur noch die leuchtenden Augen in der Dunkelheit.

Es sollte nicht ihr letzter Besuch gewesen sein. Rufus und seine Partnerin schauten immer wieder vorbei, jedes Jahr zum 4. Advent.

Maria, hilf

❄ ❄ ❄

Es waren noch vier Wochen bis Weihnachten. Maria saß in ihrer Wohnung im Gallusviertel und wusste nicht, wo sie das Geld für die Geschenke der Kinder hernehmen sollte. Fiora hatte sich Jeans und Sweatshirt einer Nobelmarke gewünscht („die anderen Mädchen haben auch so etwas“), Marco wollte das komplette Torwart-Equipment von Adidas. Den Besuch des Frankfurter Weihnachtsmarkts hatte sie mühsam zusammengespart.

Früher hatte sich Maria keine Sorgen machen müssen. Ihr Mann Kai hatte als selbstständiger Fotograf überdurchschnittlich gut verdient, sie sich um Haushalt und Kinder gekümmert. Aber dann passierte dieser schlimme Unfall. Kai war bei einer Reportage im brasilianischen Amazonas-Gebiet von einer Giftschlange gebissen worden. Er hatte nicht überlebt, weil nicht schnell genug Hilfe geholt werden konnte. Nach seinem Tod kam raus, dass er zwar seiner Familie ein sorgenfreies Leben ermöglicht, nicht aber für den Fall eines Ablebens vorgesorgt hatte. Keine Rücklagen, keine Rente. Maria nahm einen Halbtagsjob als Buchhalterin an, damit sie sich nachmittags um die Hausaufgaben der Kinder kümmern konnte. Und weil das Geld nicht reichte, hatte sie noch eine Putzstelle in einer Frankfurter Kirchengemeinde. Die hieß bezeichnenderweise Maria Hilf.

An diesem Samstag war es Zeit, die Kirche für die Sonntagsmesse vorzubereiten, Maria machte sich auf den Weg. In der Kirche angekommen, fing sie mit der Sakristei an. Durch einen Türspalt sah sie, wie ein Mann die Kirche betrat, der alles andere als ver-

Die heilige Maria lässt sich nicht so einfach bestehlen.

trauenserweckend aussah. Er ging zielstrebig zur Statue der Maria im Seitenschiff, schaute sich noch einmal hastig um und riss dann mit einem Ruck den Opferstock zu Füßen der Maria aus der Halterung. Die Beute versteckte er unter seinem Mantel und verließ eilig die Kirche. Maria überlegte nicht lange, nahm hastig ihren alten Anorak und folgte dem Dieb.

Nach ein paar hundert Metern beobachtete sie, wie er in einem Hauseingang verschwand und dort mit einem Schraubenzieher den Opferstock öffnete. Er nahm das Geld heraus, das eigentlich für ein Frankfurter Waisenhaus bestimmt war, stopfte es in seine Manteltasche und warf den Opferstock in die Ecke. Dann steuerte er die nächste Kneipe an. Maria folgte ihm. Der Unbekannnte stand schon an der Theke und bestellte: „Ein großes Pils und einen Wodka." Als er Maria sah, winkte er sie zu sich: „Na, schöne Frau, auch einen Drink gefällig ...?" Die Angesprochene nahm ihren ganzen Mut zusammen, stellte sich ganz dicht vor ihn und sagte dann leise: „Ich trinke nichts von gestohlenem Geld." „Was erlaubst du dir denn!", brauste der Dieb auf. Doch Maria ließ nicht locker: „Ich habe gesehen, wie Sie den Opferstock in der Kirche geklaut haben und sogar mit meinem Handy gefilmt. Geben Sie sich keine Mühe, das Handy liegt sicher in der Kirche. Entweder Sie bringen das Geld zurück oder Sie können sich morgen in Hessen 3 bewundern. Die Polizei wird keine Probleme haben, Sie zu finden."

Der Mann überlegte ein paar Sekunden, dann bot er Maria an: „Pass mal auf, es waren 700 Euro drin, 350 für dich und wir vergessen die Sache." Das war eine Menge Geld für die alleinerziehende Mutter, aber sie ließ sich nicht beirren: „Geld zurück oder Anzeige." Damit verließ sie die Kneipe. Auch der Dieb hatte es auf einmal furchtbar eilig. Zurück in der Kirche, stürmte der Pfarrer aufgeregt auf sie zu: „Maria, man hat uns bestohlen, das ganze Geld für die Waisenkinder ist weg." „So einfach lässt sich die Mutter Gottes nicht bestehlen", erwiderte Maria und nahm ihre Putzarbeit wieder auf.

Am nächsten Morgen fand die Heilige Messe statt. Maria und die beiden Kinder wollten gerade durch das Hauptportal gehen, als der Pfarrer wieder auf sie zustürmte, diesmal allerdings mit freudiger Miene: „Ein Wunder, ein Weihnachtswunder! Heute Morgen lag das ganze Geld wieder zu Füßen unserer heiligen Mutter Gottes." „Ja, ein Wunder", erwiderte Maria schmunzelnd, „ich sagte Ihnen doch, dass sie sich so leicht nicht bestehlen lässt." Damit war die Sache für sie erledigt. Sie würde wohl den Kindern neue Handyhüllen auf dem Weihnachtsmarkt kaufen und noch warme Handschuhe und Mützen.

Eine Woche später war Maria samstags gerade mit dem Abwasch beschäftigt, als es klingelte. Sie öffnete und draußen stand der Wirt der Kneipe, in der sie den Dieb gestellt hatte. „Hallo", sagte der freundliche Mann, „ich habe vor ein paar Tagen Ihre Unterhaltung am Tresen mitbekommen. Wollte den Mann noch festhalten, aber als ich zur Tür rauskam, war der schon weg. Ich wusste ja, um welche Kirche es ging. Der Küster hat mir Ihre Adresse gegeben." „Und was wollen Sie jetzt von mir?", fragte Maria. „Nun, mein Bruder ist in einem Verein von Geschäftsleuten auf der Zeil. Dem habe ich die Geschichte erzählt und er sie wiederum seinen Kollegen. Sie finden, Ihr Mut müsse belohnt werden - frohe Weihnachten." Damit überreichte er Maria einen Umschlag und verabschiedete sich.

Als der Mann gegangen war, öffnete Maria den Umschlag. Darin befand sich ein Einkaufsgutschein über 350 Euro, genau der Betrag, den der Kirchendieb Maria für ihr Schweigen angeboten hatte.

Eine vierbeinige Überraschung

Weihnachten ist eigentlich ein Fest der Freude. Man freut sich auf das Treffen mit der Familie und Freunden und auf das Weihnachtsessen. Die Kinder freuen sich auf Geschenke. Bei den Neumanns in Seckbach war Weihnachten in diesem Jahr ein trauriges Fest. Lena bereitete in der Küche lustlos das Abendessen vor, Max saß im Wohnzimmer auf der Couch, stierte vor sich hin und kämpfte mit den Tränen. Die Kinder Friederike und Jonas waren zur Ablenkung mit Freunden in der Eishalle am Ratsweg zum Schlittschuhlaufen und wollten anschließend noch in der City das große Stadtgeläut hören. Der Grund für die Traurigkeit der Familie: Vor drei Tagen mussten sie ihren geliebten Beagle Alfons einschläfern lassen. Er hatte seinen tapferen Kampf gegen den Krebs verloren.

Nun war Alfons nicht irgendein Beagle gewesen. Er war hochintelligent und hatte auch die Familie weitgehend im Griff. Morgens brachte er Lena ihre Socken ans Bett und anschließend die Schuhe – erst den einen, dann den anderen. Das war ihr Wecksignal: „Hey, du musst jetzt raus!“ Draußen gab es eigens für Alfons eine große Türklingel in Hundhöhe. Es hatte gerade mal drei Tage gedauert, bis er das mit dem Draufdrücken raushatte. Und dann machte es ihm eine tierische Freude, wenn ein Familienmitglied ihm öffnete.

Auch sonst wusste der Beagle alles, aber auch wirklich alles: „Wo ist dein Halsband denn schon wieder?“ Prompt schaffte es Alfons herbei. Klar, dass er seine Spielzeuge mit Namen kannte – den

Ball, den Jumbo, den Leo, die Wildsau, die fast so groß war wie er selbst. Die Kinder hatten ihren Spaß damit, wenn etwas runtergefallen war, zu bitten: „Alfons, gib mir mal das ..." Kein Problem für den klugen Hund. Abends beim Fernsehen im Wohnzimmer lag der Beagle wie selbstverständlich, alle Viere von sich gestreckt, mitten auf der Couch. Dass Alfons nachts zusammengerollt am Fußende des Doppelbettes von Lena und Max schlief - wo sonst? Aber das war jetzt alles vorbei.

Es war gegen 16 Uhr, als es klingelte. Max ging zur Tür, schaute durch den Glaseinsatz, doch da war niemand. Er war schon auf dem Weg zurück ins Wohnzimmer, da klingelte es erneut. Wieder war niemand zu sehen. Doch als er sich umdrehte, ertönte ein lautes „Wuff". Max öffnete die Tür, schaute nach unten und sah einen Beagle, der schnurstracks an ihm vorbei in die Küche lief, wo noch der Fressnapf von Alfons stand. „Wo kommt der denn her?", fragte Lena erschrocken. „Keine Ahnung", antwortete Max, „ich hab' draußen weder Herrchen noch Frauchen gesehen. Ich rufe mal bei der Polizei an, ob ihn jemand vermisst. Im Tierheim brauche ich das heute gar nicht zu probieren." Doch auf der Wache hatte niemand nach einem entlaufenen Beagle gefragt.

Der vierbeinige Gast hatte es sich mittlerweile im Wohnzimmer bequem gemacht, nachdem ihm Lena etwas Trockenfutter gegeben hatte. „Alfons", entfuhr es Max. Aber der Blick von Lena sagte: „Bitte hör auf ..." Die Kinder waren gerade zurückgekehrt und beschäftigten sich mit dem Beagle, als das Telefon klingelte. Das 18. Polizeirevier war dran: „Wir wissen jetzt, wem der Hund gehört, beziehungsweise gehörte. Ein älterer Mann war mit dem Beagle unterwegs und wurde ein paar hundert Meter von Ihrem Haus entfernt auf einem Zebrastreifen überfahren Er war sofort tot. Zeugen sagen, dass auch der Hund leblos auf dem Asphalt

Ein neuer Beagle zu Weihnachten – ist das Leben nicht schön?

lag, aber dann plötzlich aufsprang, sich kurz schüttelte und dann weglief. Das Unfallopfer hat keine Familie. Ist es möglich, dass Sie den Hund über die Feiertage versorgen und am 27. ins Tierheim bringen?“ Klar, war möglich. „Wir können ihn doch auch ganz behalten“, sagte Friederike, „guck mal, er hat ja noch nicht mal ein Halsband mit irgendwelchen Notfalltelefonnummern drauf.“ Das schien das Signal für den Hund gewesen zu sein, er verschwand in der Speisekammer und als er zurückkam, hatte er das Halsband von Alfons im Maul. Alle blickten sich fragend an, aber keiner wagte auch nur irgendetwas zu sagen.

Nach dem Abendessen wollte sich die Familie noch ihren Lieblingsweihnachtsfilm „Ist das Leben nicht schön“ mit James Stewart anschauen. Und wo lag der Gast? Klar, ausgestreckt in der Mitte der Couch. „Seltsam“, bemerkte Lena. Und jetzt sagte der Blick von Max: „Hör bitte auf.“ Aber dennoch wussten sie bei all der Trauer um Alfons: Das Schicksal hatte ihnen zu Weihnachten einen neuen Beagle geschenkt. Ist das Leben nicht schön?

Der Skarabäus

Emil Neuhofer hatte zwei große Lieben. Die eine war seine Frau Sara, die andere war Ägypten, was mit seinem Beruf als Archäologe zu tun hatte. Daher kam auch sein Spitzname „El Orens“, nach dem englischen Archäologen und Geheimdienstler Thomas Edward Lawrence, bekannt als Lawrence von Arabien. Es war also nur logisch, dass er Änderungen an seiner Kleidung bei einem ägyptischem Schneider machen ließ, an dessen Laden er jeden Morgen mit dem Fahrrad auf dem Weg zur Uni in Bockenheim vorbeikam.

Und jedes Mal zog ihn ein Skarabäus aus Türkis förmlich in den Bann. Der altägyptische Glückskäfer an einer Silberkette lag in der Auslage zwischen anderen Silberschmuckstücken - ein kleiner Nebenverdienst des Ägypters. Und mindestens zweimal in der Woche hielt Emil mit dem Rad an und betrachtete den Käfer im Schaufenster. Die 150 Euro waren ihm allerdings zu viel, auch wenn es echter Türkis war.

Doch eines Tages war der Schneiderladen verschwunden. Einfach dichtgemacht. Und mit ihm der Skarabäus. Weihnachten kam und Emil schlenderte mit Sara traditionsgemäß am zweiten Adventssonntag über den Weihnachtsmarkt auf dem Römerberg. Der krönende Abschluss war immer wenig weihnachtlich, aber umso mehr frankfurterisch: Grüne Soße mit gekochten Eiern am Stand von Dippemess-Festwirt Eddy Hausmann. Sara interessierte sich mehr für die kleinen Verkaufsbuden. An einem Schmuckstand blieb sie auf einmal stehen, deutete in die Auslage und sagte: „Emil, guck mal, ein Skarabäus. So einen wolltest du doch immer haben.“ Der Archäologe erschrak, denn der Käfer ähnelte dem des Ägypters wie ein Ei dem anderen, auch die Fassung und die Kette waren gleich. „Haben sie den von dem Schneider?“, fragte Emil die Verkäuferin. „Von welchem Schneider?“, fragte die Frau. „Na, dem in Bockenheim, in der Nähe der Uni.“ „Kenne ich nicht“, war die Antwort. Emil ließ es dabei bewenden, denn auch hier sollte der Käfer 150 € kosten – vielleicht beim nächsten Weihnachtsmarkt.

Doch der fiel für ihn ins Wasser, denn der Archäologe wurde vom Ägyptischen Ministerium für Altertümer zu einer Ausgrabung auf der Sinai-Halbinsel angefordert. Man suchte dort nach antiken Spuren der Nabathäer und Griechen. Für Emil eine Ehre. Der Weihnachtsmarkt war jetzt weit entfernt, doch hatte er trotzdem förmlich den Duft von Glühwein, gebrannten Mandeln und Lebkuchen in der Nase, als er einen Tag vor Weihnachten von einer Düne aus noch einmal über die Ausgrabungsstätte schaute. In zwei Stunden würde der Helikopter kommen, ihn nach Sharm el-Sheik bringen und von dort ein Flieger nach Deutschland. Und morgen an Heiligabend wäre er dann bei seiner Frau – leider zu spät für den Weihnachtsmarkt.

Auf dem Weg zum Wüstencamp kam ihm ein Einheimischer entgegen. Emil wunderte sich, denn der Mann war für einen Ägypter etwas blass. „Assalamu aleikum, El Orens“, grüßte der Fremde, den Emil nie zuvor hier gesehen hatte. „Wa‘alaykumu as-salām“, grüßte er nach arabischer Sitte zurück, „woher kennen Sie mich?“ „Jeder kennt Sie hier, El Orens“, antwortete der Mann auf Englisch, „Sie haben viel für unser Land getan, unsere Kultur, unsere Geschichte. Und Sie zeigen Respekt vor unseren Pharaonen. Als Dank möchte ich Ihnen ein kleines Weihnachtsgeschenk

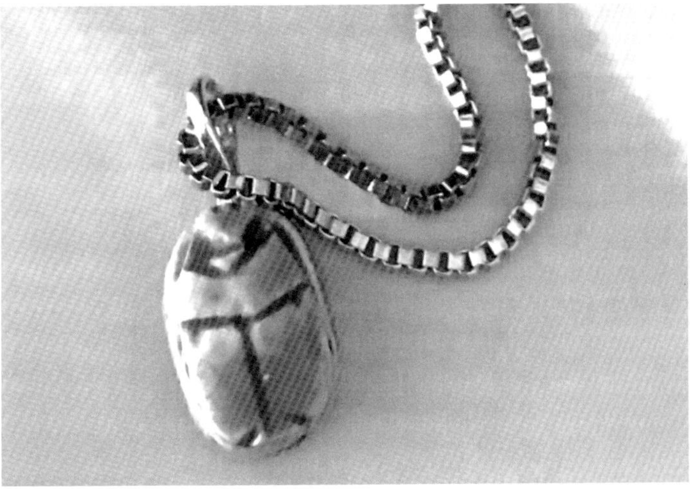

Der Skarabäus: Im antiken Ägypten ein Sinnbild für Auferstehung und Leben.

überreichen." Der Fremde hielt dem Deutschen einen Skarabäus entgegen, der an einer silbernen Kette hing. „Ein Weihnachtsgeschenk? Sie sind doch sicher Muslim?", fragte er. Der Ägypter lächelte: „An Weihnachten wurde Jesus geboren. Wir Muslime schätzen ihn als Propheten." Emil hakte nach: „Ich werde doch hoffentlich damit am Flughafen keine Probleme bekommen." Der Ägypter lächelte abermals: „Der Sakarabäus wird Sie beschützen - vor allem und vor jedem, auch vor dem Zoll." Emil machte eine leichte Verbeugung und sagte: „Shukran - Danke." Sein Gegenüber verbeugte sich ebenfalls, drehte sich wortlos um und ging in Richtung der Dünen.

Im Camp packte der Archäologe seine Sachen zusammen, machte sich am Waschtisch frisch und wartete auf den Helikopter. Der Flug nach Sharm el-Sheik war traumhaft. Wieder einmal war Emil begeistert von der Wüstenlandschaft in der untergehenden Sonne. Er griff in seiner Jackentasche nach dem Skarabäus, konnte ihn aber nicht finden. Also durchwühlte er sein Handgepäck, aber der Käfer blieb verschwunden. „Vielleicht habe ich ihn ja im Camp neben der Waschschüssel liegen gelassen“, dachte Emil und ärgerte sich. Und dann, kurz vor dem Heli-Port, passierte es: Der Motor stotterte. Der Pilot schaltete den Rotor auf Leerlauf – eine Möglichkeit, den Helikopter doch noch heil herunterzubringen. Aber dieser sackte wie ein Stein in die Tiefe. Dann kam der dumpfe, harte Aufschlag. Emil schrie auf. Schmerzen vom abrupten Sturz in die Sicherheitsgurte und einem Schleudertrauma rasten durch seinen Körper. Dann verlor er das Bewusstsein.

„Er wird wach“, hörte Emil die Stimme wie aus der Ferne. „Moment mal, wer wird hier wo wach?“, wirbelte es durch seinen Kopf. Langsam öffnete er die Augen und sah, dass er in einem Krankenbett lag. Vor dem Bett standen zwei Frauen und zwei Männer in grünen Kitteln und Mundschutz. „Willkommen zurück im Leben, Herr Neuhofer“, sagte der eine, „und das am Heiligen Abend!“ „Wo ..., wo ... bin ich?“, flüsterte Emil. „In der Uniklinik Frankfurt, auf der Wachstation. Ich bin Professor Brinkmann – ja, ja, so wie der aus der Schwarzwaldklinik.“ „Was ist passiert?“, fragte Emil, „Wieso bin ich hier?“ „Sie haben in Sharm el-Sheik den Absturz eines Helikopters überlebt. Als einziger Insasse. Ein Wunder, als hätten Sie einen besonderen Schutzengel gehabt. Und Ihre Chefs haben angeordnet, Sie nach Frankfurt fliegen zu lassen. Ihre Frau wartet schon draußen. Wir müssen nachher noch ein paar Untersuchungen machen, dann kommen Sie in ein normales Zimmer.“

Sara betrat den Raum, in die gleiche grüne Montur gehüllt wie die Ärzte und Schwestern. „Wie ich mich freue. dass du wieder wach bist“, sagte sie unter Tränen. „Ich soll dich von allen grüßen. Und Eddy schickt dir das hier, damit du wieder zu Kräften kommst." Sie stellte einen mit Folie bedeckten Teller auf das kleine Tischchen neben dem Bett. Darauf befand sich Frankfurter Grüne Soße mit gekochten Eiern. Doch dann stutzte sie: „Sag mal, wo hast du den denn her, das ist doch der vom Weihnachtsmarkt, oder?" Emil blickte zum Nachttisch hinüber und traute seinen Augen kaum, denn dort lag in einer Chromschale an einer silbernen Kette das Weihnachtsgeschenk des Ägypters – der Skarabäus. Hatte er ihn also doch eingesteckt? Auf jeden Fall hatte der geheimnisvolle Einheimische Recht gehabt: Der Skarabäus schützt vor allem und vor jedem.

Jesus

„Onkel, was machst du da? Warum sitzt du denn hier auf den Gleisen ..., heute, am vierten Advent?“ Sven blickte auf. Vor ihm stand ein schätzungsweise siebenjähriger Junge. „Geh weiter, Kleiner, das verstehst du nicht“, antwortete Sven. Aber der Junge blieb hartnäckig: „Warum machen die Großen immer Sachen, die wir Kleinen nicht verstehen?“ „Das liegt nun mal in der Natur der Sache“, sagte Sven, „und jetzt mach, dass du fortkommst.“ Der Junge dachte gar nicht daran: „Aber wenn du sitzen bleibst, kommt die Lokomotive und fährt dich tot!“ „Genau das ist ja der Sinn und Zweck“, dachte Sven, „deshalb bin ich ja weit weg von der Stadt raus nach Niederrad in den Wald gefahren.“ Aber das wollte er nicht rausposaunen.

„Ich heiße Jesus“, sagte der Junge unvermittelt. Sven nickte: „Na klar – und deine Mutter heißt Maria und dein Vater Josef.“ „Nicht ganz. Meine Mama heißt zwar Maria, aber mein Papa heißt José. Er ist aus Spanien, weißt du, da hat er meine Mama kennengelernt, die war da im Urlaub. Und dann ist er nach Deutschland gekommen und sie haben geheiratet, weil sie sich lieb hatten. Und als ich auf die Welt kam, fanden sie das lustig, mich Jesus zu taufen, weil sie doch Maria und José heißen. Aber ich glaube, mein Papa hat da eher an einen Fußballspieler gedacht. Wie heißt du denn, Onkel?“ „Also erstens bin ich nicht dein Onkel und zweitens geht dich mein Name nichts an“, erwiderte Sven unwirsch, überlegte es sich dann aber und sagte: „Ich heiße Sven.“

„Und warum sitzt du hier, Sven?“ „Okay, das ist zwar meine Sache, aber ich erzähle es dir. Und dann lässt du mich in Frieden, okay?“ Ohne die Antwort abzuwarten, fing Sven an zu erzählen: „Weißt du, ich bin Polizist auf dem Revier in Bockenheim ...“ „Uiiii“, unterbrach ihn Jesus, „so ein richtiger, mit Pistole?“ „Ja, so ein richtiger, mit Pistole. Und wir haben Anfang Dezember am Messegelände eine große Verkehrskontrolle gemacht wegen der ganzen Weihnachtsfeiern. Meine Kollegen haben einen Jaguar gestoppt. Als ich näher kam, erkannte ich das Kennzeichen – es war ein sehr guter Freund von mir. Sören. Der lallte auch gleich los: ‚Ey Svenni, sag den Pfeifen, sie sollen mich weiterfahren lassen.‘“ „Und hast du es gemacht?“, fragte der Junge. „Nein, natürlich nicht. Erstens standen meine Kollegen ringsum und zweitens war er eine Gefahr für andere und sich selbst. Wir haben ihn mit auf die Wache genommen. Er hatte beim ersten Test 2,2 Promille. Das ist Volltrunkenheit.“

„Und dann?“ „Dann haben sie ihm den Führerschein abgenommen. Und damit fing der ganze Ärger an. Ich kassierte im Internet einen Shitstorm, der sich gewaschen hatte.“ „Was ist ein Shitstorm?“, fragte Jesus. „Da bekommst du virtuelle Prügel im Internet. Ich sei ein Kameradenschwein, Sörens Karriere sei nun im Eimer, seine Familie müsse drunter leiden. Aber ich musste doch gegenüber den anderen Verkehrsteilnehmern gerecht sein.“ Der Junge schaute ihn an und sagte: „Selig sind, die Verfolgung leiden, um der Gerechtigkeit willen.“ „Sag mal, wo hast du denn den Spruch her?“, lachte Sven. „Von meinem Opa Carl, der war am Theater im Chor. Und das ist aus einer Oper über einen evangelischen Mann.“ Sven lächelte: „Die Oper heißt ‚Der Evangelimann’. Jedenfalls sind jetzt alle Freunde weg, und dann hat meine Frau Svenja vor zwei Tagen ihre Koffer gepackt und ist zu ihrer Mutter gezogen. Weil sie mit so einem wie mir nichts mehr zu tun haben wollte. Und jetzt geh weiter, Jesus." „Einen Gefallen musst du mir noch tun, Sven", sagte der Junge, „ich wohne hier in der Nähe, unser Hund ist abgehauen, weil ich das Gartentor aufgelassen habe. Wenn ich den nicht finde, bekomme ich einen Riesenärger. Hilfst du mir, ihn zu suchen? Die Großen sagen doch immer ‚Die Polizei, dein Freund und Helfer'."

„Okay", willigte Sven ein, „aber dann machst du den Abflug." Der Junge nahm ihn bei der Hand und sie verließen das Gleisbett. Als sie von den Schienen weg waren, donnerte der Intercity-Express Richtung Flughafen vorbei. Jesus blickte nur zu Sven hoch. Sein Gesicht sagte alles. Sven ging darüber weg und sagte: „Du gehst den asphaltierten Weg hier entlang und ich schaue im Wald nach." Die beiden trennten sich. Als der Polizist wenige Meter gegangen war, raschelte es plötzlich im Unterholz. Im nächsten Moment stand ein ausgewachsener Bernhardiner vor ihm und blickte ihn aus treuen braunen Augen an. Im selben Augenblick hörte er eine Stimme rufen: „Jesus, wo bist du? Jeeeesus." Er nahm den Hund am Halsband und ging zum Weg zurück. Dort traf er auf einen Mann, dessen Mimik sich sofort erhellte: „Gott sei Dank, Sie haben den Ausreißer gefunden." „Ja", sagte Sven, „und Ihr Sohn ist auch hier irgendwo." „Sohn?", sagte der Fremde, „Wir haben keinen Sohn." „Doch, Jesus", erklärte Sven. Der Mann lachte: „Jesus heißt der Hund. Ich habe ihn nach einem brasilianischen Fußballer benannt. Ich heiße übrigens José, José Santiago. Also vielen Dank nochmal und frohe Weihnachten." Sven war verwirrt. „Ja, frohe ... Weihnachten", erwiderte er. Dann machte er sich auf die Suche nach dem geheimnisvollen Jungen. Aber der war wie vom Erdboden verschluckt.

Die Bewährung

Sofia Kowalski war das, was man landläufig als Schlitzohr bezeichnet. In ihrer rund um die Uhr geöffneten Tankstelle mit der kleinen Werkstatt in Bonames nahm es die 52-Jährige mit der Steuer nicht so genau und wenn auf der Rechnung stand „neue Wasserpumpe“, war die hundertprozentig von „Kevin's Autoverwertung“. Auch ihre jeweiligen Lebenspartner hatten kein Anrecht auf Alleinvertretung. Ihr Motto war: Leg' dich nicht mit Sofie an, aber reden kannste mit mir immer.

So kam es dann, dass sie an diesem 24. Dezember um 21 Uhr in der Tankstelle hinterm Tresen stand. Ihre Angestellte Berta hatte sich beschwert, dass ihr Mann und die beiden Kinder an Heiligabend alleine zuhause säßen, weil sie arbeiten müsste. Und sie wollten doch auch gerne noch einmal durch die weihnachtliche City und am Main entlangfahren, von wo aus man das hell erleuchtete Frankfurt sieht. Da hatte Sofia gesagt: „Pass uff, mein Kerl iss eh mit'm Truck in Italien unterwegs. Um zehn kannste mit deim Christbaum-Krempel fertisch sein und dann kommste hierher und löst mich ab.“

Ein Kunde war gerade beim Bezahlen mit Karte, als ein Motorradfahrer hereinkam und fragte: „Kann ich vor dem Tanken mal kurz auf die Toilette?“ „Ja, kaa Problem“, sagte Sofia und gab ihm den Toilettenschlüssel, der an einer dicken Messingplatte hing. Sie wunderte sich noch, wieso das Visier seines Helms geschlossen war. Doch das sollte sie bald erfahren.

Als der Kunde den Verkaufsraum verlassen hatte, kam der Biker wieder zurück, gab Sofia den Schlüssel, den sie in die Brusttasche ihres Flanellhemdes steckte. Dann sagte der Mann ganz freundlich, aber bestimmt: „Und jetzt hätte ich gern noch etwas Weihnachtsgeld, aber plötzlich!“ Sofia schaute ihr Gegenüber verständnislos an und fragte: „Was willste?“ „Geld“, war die Antwort. Und zur Unterstreichung seiner Forderung zielte der Räuber mit einer kleinen Pistole auf sie. „Was dann, mit dem Spielzeugding willste mich erschrecke?“, lachte Sofia und griff nach der Waffe. In diesem Moment drückte der Mann ab.

Sofia spürte nur noch den Schlag auf den Oberkörper und hatte dann das Gefühl zu schweben. „Gott ach Gottsche“, entfuhr es ihr, „wo führt dann des hie?“ „Dorthin, wo alles Leben landet, wenn es die Erde verlässt“, glaubte Sofia eine tiefe Stimme zu hören, die sie an ein Donnergrollen erinnerte. „Na ja“, sagte Sofia, „so übbel sieht des jo gar net aus, Chef.“ „Du kannst aber hier nicht bleiben“, antwortete die Stimme, „du musst wieder nach unten, ganz nach unten.“

In diesem Augenblick hörte Sofia eine Stimme, die wohl von einem alten Mann kam: „Die kenne ich doch. Sie hat einmal nachts mit ihrem Auto angehalten, als ich in einem Papierkorb nach was Essbarem suchte. Dann ist sie ausgestiegen, hat mir einen Zwanziger in die Hand gedrückt und gesagt: ‚Hier, kauf dir was zu essen, aber hör auf, in dem Papierkorb zu wühlen.‘ Gäbe es mehr von ihrer Sorte, wäre ich nicht in diesem eiskalten Parkhaus erfroren.“ Eine zweite Stimme meldete sich: „Ja, ich kenne sie auch. Ich saß mit meinem Golden Retriever vorm Supermarkt, als sie rauskam. Sie ist stehen geblieben und hat mir zwei Packungen Hackfleisch aus ihrem Einkaufswagen gegeben und gesagt: ‚Da, für den Hund.‘ Ey, das war allerfeinstes

Rinderhack. Leider hat das Jahrhundert-Hochwasser meinen Hund und mich in einem Abbruchhaus nachts im Schlaf erwischt."

Sofia wunderte sich über gar nichts mehr. Auch nicht, als sie glaubte, eine alte Frau zu hören: „Na, Kindchen, was haben sie denn mit dir gemacht? Ich wollte an ihrer Tankstelle mal Holz im Winter holen. Als ich dort war, hab' ich gemerkt, dass ich mein Portemonnaie verloren hatte. Da hat sie gesagt: ‚Muttchen, setz sich da hin, trink 'n Kaffee. In einer halben Stunde habe ich Feier-abend, dann fahr' ich dich nach Hause. Mit Holz. Und wenn du wieder Geld hast, kommste vorbei zum Bezahlen.' Leider hab' ich am nächsten Tag einen Schlaganfall nicht überlebt. Tut mir Leid, dass ich meine Schulden nicht bezahlen konnte." Und an die Adresse der Donnerstimme: „Sie hat ein gutes Herz – du hast die Sache jetzt in der Hand. Gib ihr bitte Bewährung."

„Mein Gott, hat die aber Schwein gehabt", hörte Sofia jetzt jemanden sagen. Sie öffnete die Augen, sah, dass sie auf dem Boden saß, mit dem Rücken an das Zigarettenregal gelehnt. Vor ihr waren zwei Polizisten in die Hocke gegangen. Einer hielt ihr die Messingplatte mit dem Toilettenschlüssel vor die Nase und sagte: „Sie wurden überfallen und das hier hat die Kugel abgefangen. War zum Glück nur ein kleines Kaliber. Sie haben aber wohl einen Schlag auf die Herzgegend bekommen, waren weggetreten, wir haben eine Druckmassage gemacht." Und sein Kollege ergänzte: „Wir sind gerade vorbeigekommen, haben den Schuss gehört. Der Räuber sitzt bei den Kollegen im Streifenwagen. Der Notarzt ist auch schon da."

„Sie hatten wohl durch den Schlag einen kurzfristigen Aussetzer. Die Polizisten haben Ihnen das Leben gerettet. Schönes

Weihnachtsgeschenk! Ich werde Sie mit ins BG Unfallkrankenhaus mitnehmen, das ist am nächsten und dort bleiben Sie erst mal“, sagte eine tiefe Stimme, die sich wie ein Donnergrollen anhörte. Sofia blickte zur Seite und sah den Notarzt mit großen Augen an. Die Stimme kam ihr irgendwie bekannt vor. Sie behielt das allerdings lieber für sich, sagte nur: „Die do obbe wollte mich wohl noch net habbe.“ „Ja, ja“, sagte der Notarzt lächelnd, „das soll schon mal vorkommen ...“

Die Nikolausin

In der Multikulti-Kindertagesstätte „Gänseblümchen“ in Rödelheim fieberten die Kinder wie jedes Jahr der Weihnachtsfeier am 6. Dezember entgegen. Der Nikolaus (das machte traditionell Papa Darek) mit der Rute klopfte dann an die Tür, um mit einem „Ho, ho, ho“ in die Kita zu stapfen, mit Geschenken natürlich. Zuvor fragte er noch, ob auch alle Kinder brav gewesen waren.

Alles war vorbereitet. Die Kinder hatten unter der fachkundigen Anleitung einiger Mütter internationale Plätzchen gebacken, der Tannenbaum war mit allerlei Bastelwerk geschmückt und die Fenster waren mit Weihnachtsmotiven wie Sternen, Tannenzweigen, bunten Kugeln und Kerzen bemalt.

Doch dann, zwei Tage vor Nikolaus, die Hiobsbotschaft: Darek war beim Radeln entlang der Nidda gestürzt und hatte sich das Knie lädiert. Ein humpelnder Nikolaus war undenkbar, zumal Darek über starke Schmerzen klagte.

Bei einer Krisensitzung mit allen Müttern am nächsten Tag kam heraus, dass kein anderer Vater so kurzfristig einspringen konnte. Der Vorschlag von Mama Esmeralda, einen Studenten vom Nikolaus-Service der Uni zu mieten, musste leider abgelehnt werden, weil das Budget bereits ausgeschöpft war. Also eine Feier ohne Nikolaus? Durch die Bank gab es Kopfschütteln, wo sich die Kinder doch so auf den Nikolaus freuten. Und das, obwohl alle wussten, dass es immer der verkleidete Darek war.

War Bischof in der Südtürkei: der heilige Nikolaus.

Jetzt war guter Rat teuer. Man merkte förmlich, wie es im Kopf der Mamas arbeitete. Plötzlich sagte Hatice: „Ich mach's." „Du machst was?", wollte Andrea, die Kita-Leiterin wissen. „Ei, den Nikolaus", sagte Hatice. Das anschließende Stimmen- und Sprachengewirr erinnerte an den Turmbau zu Babel, bis Andrea unterbrach: „Wie willst du das denn anstellen? Und eine Frau als Nikolaus - ich weiß nicht." Doch dann fuhr Hatice mit Argumenten auf: „Es gibt überall Frauenquoten, warum nicht bei den Nikoläusen? Außerdem war der Original-Nikolaus Bischof von Myra, dem heutigen Demre an der türkischen Südküste. Ich bin in Fetiye geboren, das nur knapp 130 Kilometer entfernt ist. Das mit dem Kostüm klappt auch, Darek ist einssiebenundsiebzig, ich einsdreiundsiebzig. Ich muss nur etwas tiefer sprechen." „Ja und was ist mit dem Bart? Der von Darek ist echt!", fragte Mama Endy. „Ich bind' mir einen um." „Einen was?" „Einen Bart. Die Pharaonin Hatschepsut hat das vor über 3500 Jahren auch gemacht, damit sie aussieht wie ein Pharao." Das Ergebnis der anschließenden Abstimmung war eindeutig: Hatice sollte den Nikolaus machen - einstimmig beschlossen!

Und so stapfte am nächsten Tag eine Nikolausin in die Kita „Gänseblümchen". Den Kindern fiel gar nichts auf. Alle waren viel zu aufgeregt und auf die Geschenke gespannt. Nur die kleine Yasemine flüsterte ganz leise zu ihrer Freundin Lucyna: „Ich weiß nicht, aber der Darek sieht diesmal ein bissi aus wie meine Mama."

Die verschwundene Violine

Janek Okonski war außer sich. Der Pole hatte den Puls eines Formel-1-Fahrers kurz vor dem Start. Das lag aber nicht daran, dass man den 6. Dezember schrieb und Janek Angst vor dem Nikolaus hatte. Der wahre Grund: Barbara war weg! Barbara war keine osteuropäische Schönheit, sondern eine Gagliano-Violine, 300 000 Euro teuer. Okonski, Konzertmeister der Sinfonia Varsovia aus Warschau, hatte sie liebevoll nach seiner verstorbenen Oma benannt. Er sollte in einer Stunde mit dem Sinfonieorchester des Hessischen Rundfunks in der Alten Oper Frankfurt beim Adventskonzert spielen.

Zu dem Engagement war es gekommen, als das HR-Orchester ein Konzert in Warschau gegeben hatte, zusammen mit der Sinfonia. Und da war der Frankfurter Dirigent auf die Idee gekommen: „Wie wäre es denn, wenn uns euer erster Geiger beim diesjährigen Adventskonzert verstärkt?" Gesagt, getan – man unterzeichnete den Vertrag und am Nikolaustag flog Okonski morgens mit der polnischen Fluglinie Lot nach Frankfurt.

Auf dem Rhein-Main-Flughafen hatte er allerdings irgendwie den Chauffeur verpasst, der ihn abholen sollte. Aber da er fließend Deutsch sprach, wusste er sich zu helfen und fragte sich durch, wie er zur Alten Oper käme. Ein Taxi war gerade nicht da und ihm erschien die S-Bahn auch annehmbar. Da er aber morgens um fünf Uhr aufgestanden war, hatte das kurze Schläfchen

Die Alte Oper, festlich beleuchtet für das Adventskonzert.

im Flieger nicht ausgereicht. Und so war Okonski in der Bahn kurz eingenickt, die wertvolle Violine neben sich. Als er nach ein paar Minuten hochschreckte, war Barbara weg. Gestohlen! Janek rannte wie ein Irrer durch die gesamte S-Bahn, aber von der Violine keine Spur.

In der Alten Oper angekommen, berichtete er gleich von seinem peinlichen Missgeschick und man setzte alle Hebel in Bewegung. Aufrufe in allen Programmen des Hessischen Rundfunks, das Polizeipräsidium half auch mit, schickte eine Rundmail an alle Wachen in Frankfurt – leider gänzlich ohne Erfolg. Nun war es noch eine Stunde bis zum Konzert.

Zur gleichen Zeit meldete sich auf der Wache der Bundespolizei am Hauptbahnhof ein Mann mit den Worten: „Gucke Se mol. Des hab ich inner Mülltonn gefunne, wo ich noch Fandflasche gesucht habb. Von irschendwas muss mer als Rentner mit vierhunnertfuffzisch Euro im Monat jo lebe." Sprach's und legte dem verdutzten Polizeioberkommissar Erik Winkler einen gepolsterten rechteckigen Kasten auf dem Tresen. „Und was ist da drin?", fragte Winkler. „Ei, e Fidel, was dann sonst?", war die Antwort. Der Polizist öffnete behutsam den Kasten, man konnte ja nie wissen. Drinnen lag ein auf Hochglanz poliertes Streichinstrument. „Ei ja, eine Geige, was denn sonst", bemerkte Winkler lakonisch. Aber dann fiel sein Blick auf das kleine Messingschild im Deckel. „Janek Okonski" stand da drauf. Und plötzlich läuteten bei dem Polizisten alle Alarmglocken, denn ihm kam die Rundmail vom Präsidium in den Sinn. „Ich weiß, wem die gehört und dem bringen wir sie jetzt. Kommen Sie mit", sagte er aufgeregt. „Naa, naa", wehrte der Finder ab, „ich hatt früher genuch mit de Polizei zu due." „Diesmal ist es etwas anderes", lachte Winkler und schon ging's mit dem Streifenwagen und Blaulicht Richtung Opernplatz. „Lustisch", bemerkte der Rentner, „in meiner Jugend habb isch immer do hinne gesesse." Und deutete auf die Rückbank.

Einige Minuten später hatte das ungleiche Gespann den Hintereingang der Alten Oper erreicht. „Bringen Sie mich schnell zum Orchester, wir haben die Geige!", rief Winkler dem verdutzten Pförtner zu. Der schaltete sofort. Man rannte ein paar Treppen hinauf, dann waren die drei Männer hinter den Kulissen im Vorbereitungsraum. „Wir haben die Geige", schrie nun der Pförtner förmlich heraus.

Wem sie gehörte, war leicht an dem befreienden Jubel festzustellen, der darauf folgte. Winkler erklärte kurz die Umstände und deutete dann an, dass er zur Wache zurückmüsse. „Aber Sie bleiben doch da und schauen sich das Konzert an", sagte Okonski zu dem Rentner. „Naa, des geht net, isch will doch zum Gänsebrate-Esse in de Römer", lehnte der ab. „Wohin?", fragte Janek. „Der Römer ist unser Rathaus und im Advent werden immer Bedürftige und Obdachlose zu einem festlichen Essen eingeladen. Prominente helfen beim Servieren", erklärte der Pförtner. Und der Rentner ergänzte: „Letztens war sogar de Charly Körbel do, von de Eintracht. Unn ich muss doch aach noch do hielaafe." Okonski versprach: „Keine Angst, ich lasse Sie mit einem Taxi hinfahren."

Das Konzert war ein Riesenerfolg, mit einem doch etwas unsicheren ehrlichen Finder in der Chef-Loge. Der bemerkte aber anschließend hinter der Bühne: „Des war abber schee. Ich wusst gar net, dass mer aus ner Fidel so Tön raushole kann." „Danke", nahm Okonski lachend das doch etwas unorthodoxe Kompliment entgegen und wandte sich dann an den Chef der Alten Oper: „Entschuldigen Sie mich bitte nachher bei dem Empfang, ich habe da noch etwas zu erledigen."

Und so kam es, dass 600 Menschen im Ratskeller des Frankfurter Römers zu Gans, Rotkraut und Klößen ergriffen den Weihnachtsliedern lauschten, die auf einer 300 000 Euro teuren Violine gespielt wurden. Und mittendrin der Rentner Harald Maurer, der mit dem großen Weihnachtsbaum draußen auf dem Römerberg um die Wette strahlte. Er hatte gerade erfahren, dass er einen Finderlohn von 9000 Euro bekommt.

Driving Home for Christmas

Ja, ja, ja – vielleicht hätte sie ihren 27 Jahre alten Golf doch noch mal durchchecken lassen sollen, bevor sie in Wien losfuhr. Musikstudentin Larissa war auf dem Weg zu ihrer Familie nach Seckbach, Weihnachten feiern.

Auftakt war an Heiligabend das große Festessen. Als Aperitif gab es Glühwein auf dem Balkon im 8. Stock mit Ausblick über das weihnachtlich erleuchtete Frankfurt. Langsam stimmten dann die Kirchen in der Nähe in das Große Stadtgeläut ein. Das Highlight war jedes Mal, wenn Larissa auf dem Instrument ihres Vaters, einem Musiklehrer, „Es ist ein Ros entsprungen" in die Nacht posaunte. Ab der zweiten Strophe fiel dann zur Freude der Nachbarn in den Häusern ringsum, die auch auf ihren Balkonen standen und mitsangen, der Familienchor ein.

Aber jetzt stand Larissa morgens um sechs Uhr auf der Autobahn bei Traunstein, weil der alte Golf streikte. Auf der Rückbank lagen die Geschenke für die Familie inklusive zweier echter Sachertorten vom Café Sacher in Wien, auf die sich alle in Seckbach freuten. Zu allem Überfluss hatte sie auch noch ihr Handy in der Studentenbude in Wien liegen gelassen und musste jetzt zur nächsten Notrufsäule zurücklaufen. Im Autoradio lief „Driving Home for Christmas", was Larissa mit den Worten kommentierte: „Ach, halt' die Klappe!"

Der Abschleppdienst kam nach einer Stunde: „Grüß Gott, ich bin der Jürgen, was hammer denn für Sorgen?“ Larissa erklärte das Problem, der Pannenhelfer schaute sich kurz den Motor an und meinte dann: „Wohl der Vergaser, da lässt sich aber hier nichts machen. Ich schleppe Sie zum VW-Händler nach Traunstein. Dann müssen Sie nach den Feiertagen mit denen reden. Frankfurter Kennzeichen – wollen Sie da heute noch hin?“ „Ja, das Auto ist auf meinen Vater zugelassen. Mit meinen Eltern und meinen beiden Schwestern mit Familie plus Onkel und Tante wollte ich heute Abend feiern.“ Und dann erzählte sie Jürgen vom Ablauf der Feier, vom Glühwein und vom Posaunen-Ständchen auf dem Balkon. „Wenn's geht, fahren Sie mich doch noch zum Bahnhof. Und hier, nehmen Sie die beiden Sachertorten, bevor die im Zug zermatschen oder im Golf bei den Minusgraden einfrieren“, bat sie ihn.

Am Bahnhof musste Larissa feststellen, dass auf ihrer EC-Karte kein Guthaben mehr für den ICE war. Deshalb standen ihr jetzt fünfeinhalb Stunden Zugfahrt mit Umsteigen bevor.

Die Bahnfahrt war durchwachsen. Überall saßen fröhliche Erwachsene und Kinder, die sich auf Weihnachten freuten. Und mittendrin Larissa, die sich Gedanken machte, ob sie es noch rechtzeitig bis zum Glühwein und dem Abendessen schaffen würde. Es reichte noch. Die Familie hatte sich gerade auf dem Balkon versammelt, als es klingelte. Larissa lief zur Tür und öffnete. Dann rief sie ganz laut: „Maaaaamaaaaa, kommst du mal, bitte?“ Draußen stand Abschleppfahrer Jürgen, auf jeder Hand eine Sachertorte. Die Mutter bat den Gast erst einmal herein und dann musste er erzählen, wieso er denn jetzt in Seckbach war: „Ja, wissen Sie, ich saß zu Hause mit den beiden Torten alleine. Und da ging mir durch den Kopf, dass in Frankfurt die Familie

Es ist ein Ros entsprungen - ein Weihnachtsklassiker.

auf die Torten und die Geschenke wartete. Da habe ich den Golf beim VW-Händler wieder aufgeladen und weil ihre Tochter nicht mehr am Bahnhof war, habe ich mich auf den Weg gemacht. Ihre Adresse steht ja im Kfz-Schein. Und hier bin ich - mit Golf, Geschenken und den Torten."

Es war natürlich Ehrensache, dass Jürgen zur Feier eingeladen wurde. Und irgendwie klang „Es ist ein Ros entsprungen" diesmal kräftiger, weil da ein bayrischer Bariton mitgeschmettert hat.

Über den Wolken

1999 war die kleine Leonie gerade acht Jahre alt geworden. Sie war eigentlich ein ganz normales Mädchen. Was die Achtjährige von ihren Freundinnen unterschied, war ihr Hobby. Statt für Barbie und Co. interessierte sich Leonie für Flugzeuge.

Sie konnte einen Airbus A 320 von einer Boeing 737 unterscheiden und den stilisierten Logo-Kranich der Lufthansa von dem der Schwester-Airline Condor. Vom Balkon der elterlichen Wohnung im Stadtteil Griesheim war es möglich, den ganzen Luftverkehr zu beobachten. An Weihnachten lagen Flugzeugmodelle auf dem Gabentisch, die sie dann mit Hilfe ihres Vaters Udo zusammenbaute. Und einmal bekam sie sogar eine echte Pilotenmütze, denn das wollte Leonie später mal werden – Pilotin.

Die Sonntagsausflüge der Familie gingen regelmäßig zur Aussichtsplattform an der Startbahn West oder auf die Terrasse des Flughafens und endeten bei Burger und Pommes im Terminal zwei, von wo aus man den ganzen Verkehr auf dem Vorfeld beobachten kann. Höhepunkt des Jahres war der Weihnachtsmarkt. Nicht der auf dem Römerberg, sondern der auf der Flughafen-Galerie. Hier konnte Leonie so richtig stöbern und träumen, denn sie wäre so gerne einmal geflogen. Aber die Familie stand finanziell nicht so rosig da. Der Vater arbeitete bei einer Straßenbau-Firma, Mutter Franziska halbtags als Kassiererin im Supermarkt.

War bei Fluggästen und Besuchern beliebt: der Weihnachtsmarkt auf der Frankfurter Airport-Galerie.

Auch diesmal war Leonie bei der Eröffnung des Flughafen-Weihnachtsmarkts mit ihren Eltern unter den ersten Besuchern. Das war doppelt aufregend, da ein Kamerateam der „Hessenschau" über das Event berichtete. Der Reporterin fiel Leonie auf, weil sie ihrem Vater gerade an einem Stand mit Flugzeugmodellen erklärte, was Winglets sind: „Man nennt sie auch Flügelohren. Da sind die Tragflächen an der Spitze nach oben gebogen, das macht das Flugzeug unter anderem etwas wendiger." Und dann folgte prompt ein Interview mit dem Mädchen über sein Hobby und seinen Wunsch, einmal zu fliegen.

Tags darauf klingelte mittags das Telefon. Franziska hob ab, die Programmdirektion des HR war dran: „Wir haben Ihre Nummer von der Genehmigung, das Interview mit Ihrer Tochter zu senden und haben die Aufzeichnung auch gesehen. Wir möchten Leonie zu einer Live-Sendung am Heiligen Abend einladen. Es werden ausgefallene Weihnachtswünsche von Kindern präsentiert und auch erfüllt. Wir senden aus einem Airbus, der über Frankfurt kreist. Unterlagen kommen übers Internet. Bringen Sie ihre Tochter bitte am 24. Dezember morgens unter irgendeinem Vorwand zur Lufthansa-Basis auf dem Flughafen. Vorausgesetzt, Sie wollen da mitmachen."

Klar wollten die Eltern das. Und als wäre der Flug an Heiligabend über Frankfurt alleine nicht schon ein Riesenspaß für Leonie gewesen, präsentierte die Moderatorin der Achtjährigen noch ein Bonbon: Einen Flug mit den Eltern nach Toulouse in Frankreich mit einem Besuch der dortigen Airbus-Werft und individueller Führung sowie Teilnahme an einem Testflug.

War es die überschwängliche Freude oder welches Mäuslein hatte Leonie gepiekt? Jedenfalls gab es kurzfristig Aufregung, weil die anderen Kinder alle auf einmal in die Flugzeugtoilette wollten. Leonie hatte ihnen weisgemacht, wenn man den Sitz der Toilette hochklappt, kann man unten Frankfurt sehen.

Ein rührendes Weihnachtsmärchen

Hedwig Maleika stand in ihrer Küche und war mit dem beschäftigt, was sie immer in der Adventszeit machte: Plätzchen backen für die Kinder in der Nachbarschaft. Die Kleinen (und insgeheim auch die Großen) liebten das Backwerk von Oma Hedy, wie sie liebevoll genannt wurde. Hedwig war eine Bilderbuch-Nachbarin, die auch mal auf die Kinder in dem achtstöckigen Hochhaus in Eschersheim aufpasste, wenn die Mütter zum Arzt mussten oder einen anderen Termin hatten.

Aber keiner kannte ihr trauriges Geheimnis: Hedwig war in den Kriegswirren 1945 auf der Flucht aus Ostpreußen mit ihrer Mutter Lina von ihrer Zwillingsschwester Rosa getrennt worden. Zwei Jahre war sie damals alt. Über Berlin hatte es die beiden nach Frankfurt verschlagen, wo sie sesshaft wurden. Die Mutter hatte nie aufgegeben und ihre ganze Kraft in die Suche nach ihrer Tochter gelegt. 20 Jahre später war sie vor Gram gestorben. Hedwig hatte geheiratet und wurde von ihrem Mann tatkräftig bei der Suche nach Rosa unterstützt. Aber vor ein paar Jahren hatte er einen Schlaganfall nicht überlebt. Da die Ehe kinderlos geblieben war, lebte Hedwig seitdem allein.

Kurz vor Weihnachten stand für Hedwig der alljährliche Besuch des Weihnachtsmarktes auf dem Römerberg zusammen mit den Nachbarn an. An einem Stand mit allerlei Kunsthandwerk sagte auf einmal die kleine Ewelina: „Guck mal, Oma Hedy, die sieht

Ein finsteres Szenario: Die Frankfurter Inszenierung von „Hänsel und Gretel“.

ja aus wie du.“ Dabei deutete sie auf ein kleines Ölgemälde. „Ja“, fand Hedwig, „so eine gewisse Ähnlichkeit ist schon da.“ Sie fragte den Verkäufer: „Bitte, wer ist das da auf dem Bild?“ „Kann ich Ihne net saache, ich hab des bei ener Haushaltsufflösung gekaaft“, war die Antwort. Hedwig ließ es dabei bewenden.

Ein paar Tage später war die Premiere des Weihnachtsmärchens „Hänsel und Gretel“ in der Frankfurter Oper. Die Nachbarn hatten Oma Hedy als Dank für die Plätzchen und die viele Hilfe eingeladen. Vor dem musikalischen Genuss mussten sie aber erst ihre Jacken und Mäntel an der Garderobe abgeben. Die Kinder liefen aufgeregt im Foyer umher, als plötzlich wieder Ewelina angerannt kam: „Oma Hedy, Oma Hedy, da hinten ist die Frau von dem Bild auf dem Weihnachtsmarkt. Sie nimmt den Leuten die Jacken ab.“ „Na“, sagte Hedwig, „das muss ich mir dann wohl mal anschauen.“ Sie ging mit den Kindern ein paar Meter weiter und die deuteten auf eine Garderobiere, die mit dem Rücken zum Tresen stand und gerade einen Anorak auf einen Bügel hängte.

„Entschuldigen Sie bitte“, sagte Hedwig. Die Frau drehte sich um und erstarrte. Langsam rutschte der Anorak samt Bügel auf den Boden. Mühsam brachte sie hervor: „He ... He ... Hedwig, bist du das?“ „Mein Gott, Rosa“, sagte Hedwig mit einem dicken Kloß im Hals, „ich bin es.“ Dann lagen sich die beiden Frauen in den Armen und die Tränen flossen.

An die Oper war jetzt natürlich nicht mehr zu denken. Während der gesamten Vorstellung saßen die Schwestern im Foyer zusammen, hielten sich an den Händen und Rosa erzählte, wie ihr bisheriges Leben verlaufen war. „Ich war ja noch so klein. Ihr habt schon auf dem Lastwagen gesessen, und auf einmal ist der losgefahren. Alles ging so schnell, Mutter konnte wohl nicht mehr runterspringen, ohne dich zurückzulassen. Man hat mich danach in Ost-Berlin erst in ein Kinderheim gebracht und dann zu einer Pflegefamilie, die mich adoptiert hat. Ich habe natürlich auch deren Familiennamen bekommen, meinen eigenen wusste ich nicht mehr. Nach der Wende bin ich nach Frankfurt gezogen. Ich habe nie aufgegeben, nach euch zu suchen. Aber mein neuer Name Drexel hat das natürlich erschwert und du heißt durch deine Hochzeit ja auch anders.“

Die Premiere war ein voller Erfolg, gekrönt von viel Applaus. Und als sich der Vorhang noch einmal für die Künstler hob, stand mittendrin der Intendant der Oper und hielt Hedwig und Rosa an der Hand. Dann sagte er ziemlich ergriffen: „Liebe Kinder, liebe Damen und Herren, das war ein schönes Märchen. Aber das, was diese beiden Schwestern heute hier in der Frankfurter Oper erlebt haben, war noch viel, viel schöner. Sie haben sich nach 68 Jahren der Trennung heute wiedergefunden. Wenn das nicht märchenhaft ist.“

Schöne Bescherung an Heiligabend

Es gibt ja bestimmt für zwei Frankfurter Polizisten etwas Schöneres, als an Heiligabend Streife zu fahren. Joshua und Ben machte das allerdings nichts aus. Die beiden Singles waren Mitglieder der jüdischen Gemeinde. Und das Lichterfest Chanukka, das sich sehr oft mit der Adventszeit überschneidet, war schon vorbei. Sie hatten in Bornheim eine kurze Pause eingelegt und standen mit dem Streifenwagen am Straßenrand. Dabei philosophierten sie über die Eröffnung von Chanukka auf dem Opernplatz, bei dem die erste Kerze an dem großen achtarmigen Leuchter angezündet wurde. Bei dem Fest vor der Alten Oper feierten natürlich auch die weiblichen Mitglieder der jüdischen Gemeinde. Für die beiden Polizisten war das immer so etwas wie eine Brautschau. Doch bislang hatten es bei ihnen beiden noch nicht gefunkt.

Plötzlich klopfte jemand aufgeregt an die Scheibe der Fahrerseite. Die beiden Polizisten schauten hinüber und draußen stand der Weihnachtsmann. Joshua ließ die Scheibe herunter und fragte: „Shalom Santa, wo brennt's denn?“ Der Mann im roten Ornat antwortete hektisch: „Man hat meinen Transporter gestohlen, eine weiße Mercedes-V-Klasse. Drinnen waren die ganzen Geschenke für die Bescherung heute Abend im Kinderheim.“ Ben griff sofort zum Funkgerät gab die Meldung durch - mit Kennzeichen und dem ausdrücklichen Hinweis auf die Geschenke für das Kinderheim. Zu dem Weihnachtsmann sagte er: „Sie hatten den Wagen doch hoffentlich abgeschlossen?“ „Na sicher“, war die

Antwort, „hier ist der Schlüssel." „Okay, dann gehen Sie jetzt gleich auf die Wache, erstatten Anzeige und geben alles zu Protokoll. Wir machen uns auf die Suche nach dem Transporter."

Die beiden Polizisten durchkämmten alle Straßen des Stadtteils. Plötzlich rief Ben: „Mensch, guck mal, da steht er, direkt vor der Kneipe. Das Kennzeichen stimmt. Na, dazu gehören aber Nerven." Joshua parkte den Streifenwagen so, dass der Mercedes nicht mehr bewegt werden konnte, dann betraten er und Ben die Kneipe, wobei der Partner sofort den Hinterausgang absicherte. Merkwürdigerweise wollte aber keiner beim Anblick der Ordnungshüter flüchten. Ben zog den Stecker der Musikbox und fragte laut: „Wer bitte gehört denn zu dem weißen Mercedes V da draußen?" Es meldeten sich auch sofort zwei Männer an der Theke und der eine meinte: „Wir, was ist denn damit?" „Der ist gestohlen", sagte Joshua, „das ist damit." Die Antwort erstaunte die beiden Polizisten: „Nein, der ist unterschlagen. Wir sind Detektive und arbeiten für eine Autovermietung. Der sollte vor vier Wochen schon zurück sein. Hier ist unsere Legitimation und der Auftrag der Vermietung." Ben sah sich beides genau an und bemerkte lächelnd: „Haben Sie den Zahlendreher beim Kennzeichen nicht bemerkt? Sie suchen die Ziffern 749. Der da draußen hat aber 794." „Ach, du lieber Heiliger Abend", war die Reaktion, „und nun?" „Keine Ahnung", entgegnete Joshua, „wir wissen nicht, für welches Kinderheim die Geschenke sind. Und vor allem auch nicht, wo der Fahrer ist."

Wie auf Kommando stürzte dieser plötzlich zur Tür herein, wild gestikulierend: „Da, da, da draußen, das ist mein Auto! Ich war gerade auf dem Nachhauseweg und traute meinen Augen nicht. Verhaften Sie die Diebe!" Ben beschwichtigte, klärte den Irrtum auf, legte dem Mann die Hand auf die Schulter und sagte sal-

Ein Retter auf vier Pfoten

Faro war der absolute Liebling im Neubaugebiet am Riedberg. Das lag nicht allein daran, dass er der einzige Hund in der Nachbarschaft war. Als Welpe von der Tierhilfe in Italien gekommen (Herrchen Geraldo: „Ein reinrassiger Mischling …"), entwickelte er mit der Zeit eine wirksame Art, sich zu präsentieren. Wenn er den Wuschelkopf zur Seite neigte und seine großen braunen Augen spielen ließ, wobei er das rechte zukneifen konnte, brachte es das letzte Herz zum Schmelzen.

Faros Spezialität war es, aus dem noch nicht umzäunten Grundstück auszubüxen und in der Nachbarschaft auf Betteltour zu gehen, indem er laut vor den Haustüren bellte. Nicht, dass er zu Hause nichts zu essen bekam, aber draußen machte das anscheinend mehr Spaß. Nachbarin Daniela mochte er besonders gern, und das hatte seinen Grund: Die alleinerziehende Mutter arbeitete in der Familienmetzgerei Gref-Völsing auf der Hanauer Landstraße, die Ende des 19. Jahrhunderts die erste Rindswurst kreiert hatte – weltweit, wohlbemerkt, weil die jüdischen Kunden kein Schweinefleisch kauften. Daniela brachte für Faro regelmäßig Knochen und Schweineschwarten aus der Metzgerei mit.

Besonders in der Adventszeit schaute Faro regelmäßig bei der Nachbarin vorbei, denn Daniela hatte an den Wochenenden Auftritte mit ihrem Gospelchor bei Seniorennachmittagen. Und da gab's samstags schnelle Kost: Linsensuppe – mit Rindswurst, versteht sich. Nun war die natürlich nicht für Faro bestimmt, aber sagen sie das mal einem Zehnjährigen. Danielas Sohn Richie säbelte immer klammheimlich die Endstückchen (der Frankfurter sagt dazu „Worschtzippel") ab und reichte sie Faro unter den Tisch.

Als Krönung hatte Daniela letzte Weihnachten einen riesigen Schinkenknochen mitgebracht, wobei Frauchen Renata mutmaßte: „Den schafft er nicht auf einmal." Faro war da anderer Meinung. Während das Ehepaar am Heiligen Abend beim Essen saß, machte er sich über den Knochen her, bis dieser ratzeputz weg war. Die Folge war allerdings ein Stau im Faros Verdauungstrakt, der in der Tierklinik Hofheim beseitigt werden musste. „Wenn's nächstes Jahr wieder einen gibt, wird der mit der Säge in handliche Stücke zerteilt", beschloss Geraldo. Doch es sollte anders kommen.

Am vierten Advent Sonntag hatte Daniela ein Nachbarschaftsstraßenfest organisiert. Alle waren dick eingepackt in Mäntel, Anoraks, Mützen und Schals. Und damit es auch von innen schön warm wurde, gab es heißen „Äbbelwoi" mit Orangen, Zitronen, Zimtstangen und Nelken. Für die Kinder stand eine alkoholfreie Variante aus Apfelsaft bereit. Und dazu – wie sollte es anders sein – gab es die gute Rindswurst von Gref-Völsing. Für Faro war an diesem Tag schon Weihnachten! Man kann sich vorstellen, wie viele „Worschtzippel" bei den Kindern für ihn abfielen. Das Fest war lustig, was wohl auch an dem heißen Äbbler lag. Und der war auch Ursache, dass das ganze Viertel in dieser Nacht tief und fest schlief – bis auf Faro, der gegen Mitternacht plötzlich aus seinem Körbchen hochschnellte. Laut bellend raste er durch die gesamte Wohnung. Sogar Geraldo wurde wach, hatte aber für das Bellen kein Verständnis: „Faro, Ruhe jetzt, leg dich in deinen Korb und schlaf wieder."

Aber der Hund dachte überhaupt nicht dran. Das Bellen wurde immer lauter und hektischer. Und immer wieder lief er zum Fenster im Wohnzimmer. Jetzt war auch Renata wach geworden und bat ihren Mann: „Schau doch mal nach, warum der so wild bellt.“ Widerwillig zog Geraldo seine Schlappen an und ging zum Wohnzimmerfenster. Was er da sah, ließ ihm den Atem stocken: In Danielas Haus nebenan brannte der Vorhang lichterloh. Ein Kurzschluss in der Adventbeleuchtung am Wohnzimmerfenster hatte ihn in Brand gesetzt.

Geraldo war blitzschnell glockenwach. Er flitzte im Schlafanzug hinaus in die Winterkälte, klingelte Sturm und trommelte mit beiden Fäusten an Danielas Haustür. Faro unterstützte ihn dabei durch lautes Bellen. Gott sei Dank hatte Daniela einen leichten Schlaf und sah gleich die Bescherung im Wohlzimmer. Geistesgegenwärtig nahm sie einen Putzeimer im Bad, ließ ein paar Liter Wasser hineinlaufen und schüttete ihn über den brennenden Vorhang. Das Feuer erlosch augenblicklich. Zum Glück hatten sich die Flammen noch nicht ausgedehnt. Dann öffnete Daniela die Haustür und bedankte sich unter Tränen für den „Alarm“ bei Geraldo, aber der stellte klar: „Du, das war Faro, der ist plötzlich aufgewacht, hat wie verrückt gebellt und ist immer wieder zu unserem Wohnzimmerfenster gelaufen. Dadurch habe ich die Flammen gesehen.“ Die anschließenden Streicheleinheiten von Daniela und Richie für den stolzen Faro wollten kein Ende nehmen.

Aber das schöne Ende kam für den Rüden am Heiligen Abend. Da stand Daniela mittags mit einem Fresskorb vor der Tür. Sorgsam geschnittenes feinstes Rindergulasch war da drin, Beinscheiben und Markknochen, die der Retter auf vier Pfoten so liebte, weil er genussvoll das Mark mit Zähnen und Zunge rauspuhlen konnte. Und oben auf all den Leckereien thronte eine der weltberühmten Rindswürste. Geraldo bedankte sich, meinte dann in Richtung Faro: „Das müssen wir aber erst alles etwas anbraten, die Wurst bekommst du heute Abend." Und da war er wieder, dieser zur Seite geneigte Wuschelkopf mit den braunen Augen und dem zugekniffenen rechten Auge. Das war dann das sofortige Ende einer leckeren Gref-Völsing.

Das Polarlicht

Paul konnte auf ein aufregendes und ereignisreiches Leben zurückblicken. Sein Job als Chefreporter eines Frankfurter Reisemagazins hatte ihn rund um den Globus getragen, durch alle fünf Erdteile. „Pablo", wie er wegen seiner Vorliebe für lateinamerikanische Länder genannt wurde, hatte die Chinesische Mauer gesehen und die Felsenstadt Petra in Jordanien. Er war an den Pyramiden in Gizeh und in Mexiko gewesen und hatte mit einem Geländewagen das Outback in Australien durchquert. Nur eins hatte der überzeugte Junggeselle nicht gesehen: das Polarlicht.

Jetzt war Paul 89, hatte in vier Wochen seinen 90. Geburtstag vor sich. Am 24. Dezember („Ich hab als Kind blöderweise immer nur ein Geschenk bekommen."). Er lebte in einer schönen Seniorenresidenz in Sachsenhausen – oberstes Stockwerk mit Balkon und großer Glasfront mit Schiebetür und Blick auf Frankfurt. Aber zufrieden war er nicht – das Polarlicht halt. Sein Freund Dieter, ehemaliger Presse-Manager bei einem japanischen Autokonzern, hatte ihm vorgeschwärmt: „Wir waren ja oft in Rovaniemi am Polarkreis zum Winter-Test. Da gab es jede Nacht diese Natur-Lightshow, der ganze Himmel waberte in allen möglichen Farben oder war von Bändern durchzogen wie bei der Rhythmischen Sportgymnastik ..."

Bei allen Lichtern, die zur Weihnachtszeit Frankfurt in einen leuchtenden Glanz tauchten – Paul hatte die Faxen jetzt dicke. Er griff zum Telefon und rief Dieter an: „Pack die Koffer, ich will endlich das Polarlicht sehen!" Dieters Reaktion: „Ähhh, was?" Paul erklärte schnell: „Ich buche uns zwei Flüge nach Rovaniemi plus Hotel. Bei der Gelegenheit können wir auch in der Nähe im Santa Claus Village direkt auf dem Polarkreis beim Nikolaus vorbeischauen. Ich hab' aber in zwei Wochen meinen jährlichen General-Check in der Uniklinik. Eine Woche Licht muss also reichen.“ Und Dieter wusste, dass Paul das durchzog, was er sich in den Kopf gesetzt hatte.

Aber als die Maschine in Rovaniemi landete, gab es Wolken und leichten Schneefall. Polarlicht ade! Das Wetter wurde auch nicht besser. Der Trip, in den Pablo die Hoffnung auf die Erfüllung seines größten Wunsches gesetzt hatte, beschränkte sich auf den Besuch eines Eishotels an der Küste, einen arktischen Zoo, eine rasante Fahrt mit einem zwölfspännigen Husky-Schlitten und Santa Claus, der im Village mit langem Rauschebart die Wünsche der Touristen-Kinder entgegennahm. Pauls letzte Hoffnung: „Ob ich den mal nach dem Polarlicht fragen kann?“ Dieters Antwort war knapp und bestimmt: „Hör auf mit dem Quatsch!“

Zurück in Frankfurt, stand der Gesundheitscheck in der Uniklinik an. Das Ergebnis nach vier Stunden Untersuchungen: „Alles im grünen Bereich, alles bestens, so können sie 90 Jahre alt werden“, witzelte der Professor. Paul nahm's zerknirscht hin: „Danke, werde ich in zwei Wochen.“

Am 24. Dezember war Pauls großer Tag, der 90. Geburtstag. Dieter schaute mittags in der Residenz vorbei und überreichte dem Jubilar sein Geburtstagsgeschenk – einen Bildband über das Polarlicht. Die Reaktion von Paul: „Vielen Dank, tolles Buch, aber leider wieder nur ein Geschenk.“ Dieter quittierte den nicht ganz ernst gemeinten Seitenhieb mit den Worten: „Warte doch erst mal ab. Wir fahren jetzt erst mal mit dem Taxi in die City und hören uns das große Stadtgeläut an.“

Gesagt, getan. Als das Duo gegen 19 Uhr in die Residenz zurückkam und Paul die Tür seines Apartments aufschloss, war die Überraschung groß. Dieters Sohn Arek wartete mit seiner Frau

Tina und den Kindern schon auf die beiden. Im Gepäck hatte er einen künstlichen kleinen Weihnachtsbaum mit vielen bunten Lichtern. „Sie hatten den Schlüssel von mir, den du mir mal für alle Fälle gegeben hast", sagte der Freund, „nachher kommt von einem Caterer noch eine Gans mit allem Drum und Dran. Aber jetzt setz dich erst mal in den Sessel vor deiner Panoramascheibe zum Balkon." „Und was soll ich da sehen, die Jalousie ist runter?", grantelte Paul. „Wart's ab", antwortete Dieter und schaute seinen Sohn an: „Alles startbereit?" „Alles startbereit", war die Bestätigung. Dann kam von Dieter die Anweisung: „Los geht's!"

Langsam fuhr die Jalousie nach oben. „Ja und, das sehe ich jeden Tag, jeden A ... bend." Paul stockte der Atem, denn in diesem Augenblick schien es über der City förmlich zu explodieren. Grüne Lichtbänder zogen über den Nachthimmel, die Farbe wechselte zu violett und blau und wieder zurück. Das Polarlicht leuchtete über Frankfurt und spiegelte sich irrigerweise auch noch im Main. „A ... a ... ab ... wa ... wa ... was geht denn da ab?", stammelte Paul. Dieter legte ihm die Hand auf die Schulter und sagte: „Das ist dein zweites Geschenk heute." „Ja und wie funktioniert das?" „Mein Sohn ist ja Abteilungsleiter in einer IT-Firma", erklärte Dieter. „Als du in der Uniklinik warst, haben wir von deinem Balkon aus ein Video von Frankfurt gedreht – eine Stunde lang, als es zum Glück schon fast dunkel war. Und in dieses Video haben Areks Spezialisten mit einer Software das Polarlicht kopiert, inklusive der Spiegelung im Main. Jetzt läuft alles über einen Beamer auf ein großes Laken, das wir von außen über die Panoramascheibe gespannt haben. Faltenfrei musste sein, war halt'n bissi kompliziert." Paul konnte es nicht fassen: „Ich bin ein hartes Kerlchen, aber könnte ich bitte ein Taschentuch haben?" „Jetzt genieße erst mal das Schauspiel", antwortete Dieter, „wir bereiten das Essen vor. Herzlichen Glückwunsch, alter Freund, und frohe Weihnachten."

Weitere Bücher aus der Region

Holger Gumprecht
Dunkle Geschichten aus Frankfurt am Main schön & schaurig
80 S., Hardcover
ISBN 978-3-8313-3372-1

Yvonne Wassong/Stephan Weiler
Frankfurt am Main – Farbbildband
deutsch/english/français
72 S., Hardcover, zahlr. Farbfotos
ISBN 978-3-8313-3281-6

Henning Jost/
Daniela Harnisch
Frankfurt gestern/heute in Farbe
72 S., Hardcover, zahlr. Farbfotos
ISBN 978-3-8313-2473-6

Helmut Nordmeyer/Tobias Picard
Unvergessenes Frankfurt Ein Rundgang durch die Messestadt am Main
64 S., Hardcover, zahlr. S/w-Bilder
ISBN 978-3-8313-1704-2

Wartberg-Verlag GmbH
Im Wiesental 1 | 34281 Gudensberg
www.wartberg-verlag.de

Bücher für Deutschlands Städte und Regionen
Tel. 0 56 03-93 05 0
Fax 0 56 03-93 05 28